Printed in Great Britain
by Amazon

فصلی دیگر!

رمان

فصلی دیگر!

نویسنده: دکترمحمود صفریان
صفحه آرائی: دکتر پوپک صفریان
طرح روی جلد: عکسی که حکایت می کند
ویر استار:الیسا تنگسیر
شابک: ۹۷۸-۱۵۱۷۲۶۸۷۶۳

ISBN :978-1517268763
ناشر: انتشارات گذرگاه
نوبت چاپ: اول
سال ۱۳۹٤

هر گونه بهره وری از این کتاب با ذکر مأخذ مجار است

نشرگذرگاه

فصلی دیگر...!

محمود صفریان

انتشارات گذرگاه

فصلی دیگر...

داستان مفصلی است که بهر تعبیر اتفاق افتاد. گویا نمی توانست پیش نیاید. پیش آمد ها نا باورانه بودند.
وقوع آن در هیچ یک از فصل های چهار گانه ای که می شناسیم نبود.
فصلی دیگر بود، در فصلی که بعنوان فصل پنجم گاه می آید.
فصلی که فقط یکماه دارد اما با چهار وضعیت هوا. خواب بود یا رویا ؟
شاید یک تصور و عبور یک تفکربود و شاید هم به نوعی واقعی بود ، ولی بهر تعبیر اتفاق افتاد.
تکه های این رخداد از سویه های متفاوت گرد هم آمدند، با نا باوری بهم پیوند خوردند و ساختند و شکل دادند این ماجرا را.
ماجرائی که تا برهوت چند خانه وار را در بر گرفت و بنا گاه، چون گرد بادی پیچان، همه را در نوردید، فضا را تیره کرد و محو شد. **چیزی مثل پرپر شدن**. چه برجای گذاشت؟ ...بهت بود یا حیرت نمی دانیم. شاید درختی خم شده زیر برگ و بار که تاب نیاورد.
سرعت و نحوه رخدادش چه واقعی و چه پنداری، فرصت نداد " احساس " خودش را پیدا کند. حاصل اسف بود و مالیدن پلک های ذهن.
وقوعش هر چند انتظارش نمی رفت خوشحال کننده بود، بو و رنگ دلپذیری داشت، نشئه وتخدیر کرد...و با خوشحالی ادامه یافت. بدون توجه به کمین گاه.

فصلی است که بی اطلاع می آید همه را در خود می گیرد، از خود بی خود می کند و حیران برجای می گذارد، و... چنان می رود که نه انگار آمده بود.

چنین است که درجائی و در فصلی که آشنا نیست رخ بدهد.... که داد. بی توجه و آگاهی از آنچه که بر تاق ذهن آینده حک شده است و گریزی نیست.

این فصل شاید بُعد دیگری است از زمان ، شاید هم جبران یک کمبود است، ولی خاطره اش سترگ و ماندگار است.

در چنین بُعدی بازی آغاز می شود و می رود به سمت و سوئی که می خواهد و پایانش همانی می شود که باید.

۱

اتوبوس حرکت نکرده، صلوات های پشت سر هم آرامش مسافر ها را که از گرما داشتند هلاک می شدند بر هم زده بود.
داشتیم می رفتیم " گنبد کاووس ". یک هفته بود که همه در خانه مراد در " ونک " جمع شده بودیم.
خاله و عمه و عمو ها و همسرانشان از گوشه و کنار مملکت به تهران آمده بودند.

همه از جمع شدنشان راضی و خوشحال بودند، و بخصوص شب ها که دور هم می نشستند و دفتر خاطراتشان را باز می کردند، دود حسرت را به وضوح می دیدی که از سینه های مالا مال تنوره می کشد، و تا مدتی پس از نیمه شب ادامه می یابد..
حدود یک هفته بود که همه را پدر مراد ، " عطا شیبانی " که تاجربزرگ و موفق فرش بود به تهران دعوت کرده بود تا دست جمعی بروند " گنبد " خواستگاری.
نظر این بود که چون تعداد زیاد است اگر همه با یک اتوبوس شیک و ترو تمیز بروند بهتر ازراه انداختن تعداد زیادی اتومبیل های شخصی است.
پدرمراد، دائی ابراهیم راهم خبرکرده بود تا همه ی سرشناسان فامیل جمع باشند. دائی ابراهیم مادر " مراد " را که خواهرش باشد به اندازه چشمهایش دوست داشت، این را خودش می گفت.
او نیر یکی از تجار مهم و معتبر لوازم ساختمانی بود.
من که یک جورائی مهماندار بودم ، ششدانگ حواسم متوجه نیازهای مراد بود که از بچگی با هم بزرگ شده بودیم. با مشورت من بود که او دست به دامان مادرش شد و پای دائی ابراهیم را به میان کشید، تا همه ی سران قوم! حضور داشته باشند.

مراد، پس از گرفتن مدرک کارشناسی ارشد در ادبیات برای

گذراندن دوره سربازی به گنبد رفته بود. تلاش ها برای نگهداشتنش در تهران کار ساز نشده بود. ستوان دو وظیفه بود. بدش هم نمی آمد گنبد کاووس را ببیند در موردش زیاد شنیده بود . در مقر فرماندهی گنبد جولان می داد . فرمانده که در آستانه باز نشستگی بود، دستش را باز گذاشته بود.
حدود شش ماه پس از اعزامش بود که از من خواست هر جور شده بروم به دیدارش. مخالفتم کاری از پیش نبرد. در همین سفر بود که برایم تعریف کرد.

یکی دو روز اول با جیپ ارتشی تمام سوراخ سنبه های گنبد را نشانم داد. دیدم که در شهر همه او را می شناسند و برخوردی با احترام دارند.
کوشش بسیار می کرد که به من خوش بگذرد. بهر رستورانی که می رفتیم برایمان سنگ تمام می گذاشتند.
ولی هنوز پس از دو روز نگفته بود که چرا با آن همه اصرار من را به گنبد کشانده است. روز سوم از خواب که برخاستیم و قصد داشتم علت احضارم را به پرسم ، تلفنی با جائی صحبت کرد و گفت پسر خاله ام را می فرستم قرص ها را بده برایم بیاورد.

" اسد، حالم خوب نیست مثل اینکه دارم سرما می خورم، عضلاتم درد می کند اگر اشکال ندارد با اتومبیل من برو داروخانه
" صحت " خانم دکتر جوانی آنجاست، بگو که پسر خاله من هستی، شیشه ای قرص میدهد، برایم بیاور. متوجه شدی که تلفنی هم به او گفتم. اشکال ندارد؟
" نه چه اشکالی دارد. فقط اگر ممکن است یکبار دیگر مسیر را بگو "
صبح دوشنبه ای بود. به داروخانه که خلوت هم بود وارد شدم، بهتم زد. عروسک بسیار زیبائی را دیدم که روپوش سفید ی پوشیده و با آرایش بسیار ملایمی که داشت تماشایش بسیار خوش آیند بود.

" سلام! من پسر خاله جناب سروان شیبانی هستم، مراد شیبانی " ملاحت خنده اش دلنشین بود.
" دیشب درجه گرفته است؟ تا دیروز ستوان دوبود "
با خنده دیگری زیبائیش را مهر تائید زد.
" نه خانم دکتر، درجه نگرفته است ولی این رسم است که همیشه نظامی ها را یکی دو درجه بالاتر خطاب می کنند."
" خوشحالم که نظامی نیست. دارد فقط دوران خدمت متعارفش را می گذراند."

" جریان چیست؟ خانم دکتر، هم " مراد " خطابت می کرد هم در مورد آینده ات نظر می داد ، وخوشحال بود که آرتشی باقی نمی مانی.
نباید برایش فقط یک مشتری باشی. گفته بودی که ترکمن ها اگر رفتند تو کلاس خوشگلی بیداد می کنند، بی همتا می شوند. این خانم دکتر از آن ها بود. تعجب می کنم که چطور وقتی که درس می خوانده توانسته از دست پسر های دانشجو جان بدر ببرد. "
" اسد، برای همین خانم دکتر است که تو را به اینجا کشانده ام.
دوستتش دارم، عشقش تمام وجودم را تسخیر کرده است. بهر قیمتی شده باید به او برسم. می خواهم با او ازدواج کنم. "
تا مدتی نمی دانستم چه بگویم. کی و چگونه اتفاق افتاده است؟
هنوز شش ماه بیشتر نیست که به این شهر آمده است.
اما مگر نه این است که عشق خبر نمی کند؟ گاه قلب هائی را می گشاید و وارد می شود و صاحب خانه می شود که راحت و آسان نمی توان باور کرد. این دیگر جای تعجب ندارد.

" مراد! اول بگو ببینم قضیه دو طرفه است؟ او هم نگاه و نظری برای ازدواج با تو دارد؟ "

" یک روز رفتم داروخانه، دوماه کمتر بود که اعزام شده بودم. نسخه جناب سرهنگ را برده بودم. داروخانه شلوغ بود. کناری ایستادم تا خلوت شود. با دیدن خانم دکتر حالت امروز تو را پیدا کردم. حتا وقتی با بعضی از مریض ها ترکمنی صحبت می کرد ملاحت خاصی داشت.
وقتی داروخانه خلوت شد با طنز خاصی که انتظار نداشتم، گفت:
جناب سر گرد چه امری دارند؟
تکان خوردم.
تو می دانی که چقدر ذلیل چنین ظرافت های کلامی هستم و برایم معیار سطح درک و دریافت افراد است، و اگر\sطرف خانم باشد، بیداد است. رفتم جلو و با چسبانده پر صدای پاشنه های پا سلام نظامی دادم. و گفتم:
خانم دکتر بیمارم داروی شفابخش می خواهم.
خوشش آمد، گرفت و با خنده ای تیر خلاص را شلیک کرد. "

" مراد! قصه تعریف می کنی،؟ تصوراتت چنین است،؟ از آرزوهایت می گوئی؟ یا تا این عمق گرفتاری؟ ولی هرچه که هست هنوز متوجه نشده ام که مرا برای چه کمک یا خدمتی احضارکرده ای؟
حتمن برای این نبوده که بروم برایت دارو بگیرم؟ "
" نه، برایت ماموریتی دارم که آسان هم نیست. "
" ماموریت ؟ "
" بله ماموریتی مهم"
" داستان چیست؟ "
اسد " قوچک " مانع است. باید کاری بکنی "
" جوری بگو که متوجه بشوم. قوچک چیه؟ "
" قوچک کیه؟ توضیح می دهم. "

" اسمش خانم دکتر" آلتین " است " آلتین آتابای". پسرعمویش " قوچک " ، ترکمن متعصبی است، فکر می کند " آلتین " باید مال او باشد. باید با او ازدواج بکند. خانم دکتر از او خوشش نمی آید

ولی از خشم اش واهمه دارد. "
" مراد این آقا قوچک ، چکاره هست؟ "
" در واقع هیچ کاره. اما به ظاهر در کار پرورش اسب است. می توان گفت سوار کار است، و ترتیب دهنده مسابقات اسب دوانی. خوشبختانه در گنبد زندگی نمی کند، در یکی از دهکده های اطراف است. آنطور که خانم دکتر می گوید اهل شهر نشینی نیست. "
" وبا این تفصیل، من چکار باید بکنم ؟ "
" تو هم علاقمند به اسبی. در واقع یک سوار کاری! "
" مراد خلاصه کن، بگو چه توی سرت می چرخد، چه خوابی برایم دیده ای. بگو ببینم از عهده اش بر می آیم. "
" اسد! بنظر من بهتراست اول بیشتر با " آلتین " آشنا بشوی. "

" مراد! بر خورد شادمانه خانم دکتر گمراهت نکرده باشد؟ می دانی مرد ها، و شاید هم فقط مرد های ایرانی زود خیال برشان می دارد.
حتمن می دانی که هرگردش نگاه به ویژه اگر با بدرقه ای از ناز باشد، چه بسا که یک دام باشد. بیشترِ خانم ها شکارچیانی چیره هستند و خوش دارند که مردی در دامشان اسیر شود. لذت می برند.
با حرف هایشان محسور می کنند و از درماندگی مردانی که بی راه فکر کرده اند شعفی نا محسوس در عروقشان دوانده می شود. خنده های خانم دکتر می تواند پوشال روی چاله ای باشد که با اولین قدم رویت را به پوشاند.
خواهش می کنم از حرف هایم دلگیر نشو، تو برایم برادری هستی که دلم می خواهد در تنگنا ها بتوانی رویم حساب کنی. بنظر می رسد که غرق کامل نیستی. کمی بیشتر به خودت مراجعه کن.
بگو ببینم تو کاملن با خانم دکتر قاطی هستی؟ همه ی شرط ها را روشن کرده اید ؟ خانواده اش، خودش، تو، پدر، مادر و دائی ات

همه چیز را می دانند ؟ دلم نمی خواهد شاد پشیمان بشوی.
هر چه باشد خانم دکتر ضمن ایرانی بودن از نژاد دیگری است و با خصوصیات متفاوتی بزرگ شده است.
می تواند و می خواهد که در تهران زندگی کند.؟ ...مراد عاقلانه همدیگر را دوست دارید؟ "
با خنده:
" اسد!عشق و عقل با هم نمی خوانند "
"پسر! این همه حرف زدم تو همین موردش را گرفتی؟...مثل اینکه باید برای خودم متاسف باشم "
" اسد جان قرار ست پدر آلتین، مهمانی مفصلی بخاطر باز نشستگی سرهنگ سهرابی ترتیب بدهد تا ضمن تقدیر و خدا حافظی از او، فرمانده جدید منطقه را که او هم سرهنگ است به همه بزرگان شهر معرفی کند. "
" مگر پدر خانم دکتر چه کاره است؟ "
" شهر دار است. شهر دار گنبد است. "
" شهردار!؟ مراد ! تو عاشق دختر شهر دار شده ای؟ "
" حالا وقت این حرف ها نیست. بگو ببینم موافقی ترتیب شرکت تو را در مهمانی پدر خانم دکتر بدهم؟ "
" نه، موافق نیستم. اگرمقصود آشنائی بیشتر من با خانم است، صلاح می دانم فقط سه نفری باشیم، من و تو و او.
بنظر من تا زمینه اش را جور کنی که می ماند برای پس از مهمانی آقای شهردار، من می روم تهران و بر می گردم. اشاره که کردی می آیم، ضمن اینکه فرصت می کنم تمامی موضوع را در ذهنم بچرخانم. موافق باشی من فردا بر می گردم و منتظر خبر از تو می مانم "

هرچند زیبائی می تواند دلیل دل باختن باشد، ولی نمی تواند دلیل ازدواج هم باشد.
ازدواج بایستی بتواند پس از مغازله های مخفی و آشکار با هم

۱۳

بودن ها، ادامه بیابد. سکس و تکرارش بتدریج اگر نه کهنه، از اوج شور می افتد، عادی می شود. مگر کم دیده یا شنیده ایم روابط با کلفت یا نوکر خانه را در حالیکه هم آقا و هم خانم خانه از طعمه های جدید، چند سر و گردن بالاتر و برتر بوده اند
عاملی که بتواند ازدواج را پس از ماه عسل دوام بدهد دوستی است. رفاقت است که کهنه نمی شود.
در فکرم که مراد دارد چکار می کند؟

در تهران بخصوص از سوی پدرم مورد پرسوجوی فراوان قرار گرفتم. او بیشتر دنبال پاسخ این سؤال بود :
" چرا تو را به اصرار به " گنبد " کشاند؟ "
ناچار گفتم گمان می کنم می خواست خودش را در لباس نظامی به من نشان بدهد، بخصوص که بخاطر باز نشستگی فرماند منطقه و تاخیر آمدن جانشین تقریبن نظامی همه کاره شهر بود. رئیس شهربانی هم رابطه خوبی با او داشت.
متوجه نشدم که خلاف گوئیم را باور کرد یا نه، ولی دیگر پا پی نشد.

نمی دانم چرا دلم راه نمی داد که مراد با خانم دکتر ازدواج کند. وصله را ناجور می دیدم. خانمی که شاید اسمش به ترکمنی اسم زیبائی هم بود، و خودش هم از وجاهت خیره کننده ای بر خوردار بود ولی با زندگی مراد هماهنگی نداشت. ازدواج با دختران دیگر مناطق، راحت تر مورد قبولم بود. این خانم دکتر را در حقیقت از کشور دیگری می دانستم. قوچک نیز مسئله ای بود. گذشتن از سد او هم آسان نمی نمود. بخصوص که گفته بود:
" آلتین " باید مال من بشود."
بنظر من " قوچک " و " آلتین " بهتر بهم می آمدند تا مراد و التین.
ولی عشق همیشه حرف دیگری دارد و راه خودش را می رود. هرچند تداوم نداشته باشد. در اولین گام مهار عقل را می کشد و احساس را فرمانروا می کند. ضمنن نمی دانستم کوره علاقه خانم

دکتردر واقع به گرمی و پر حرارتی کوره عشق مراد باشد. اگر می شد ازواج نکرد ، و اگر تبدیل حرام ! و نامحرم ! به حلال و محرم در گروی خواندن چند جمله عربی نبود، بسیار بهتر و روانتر و منطقی تر و اصولی تر می شد زندگی های مشترک را شروع کرد.

این بساط مسخره و دست و پا گیر داشتن " جهیزیه " از یکطرف و " مهریه " از سوئی دیگر زندگی دخترها و پسرهائی را که می توانند بدون این " بساط ! " با هم زندگی خوبی داشته باشند گرفتار مشکلات زیادی کرده است.

در حالی که اگر این مقررات دست و پا گیر نبود بهتر می توانستند با منش و اخلاق هم آشنا شوند و بر پایه آن بدون شک با هم بودن صحیح تر و آگاهانه تری را آغاز کنند.

و حالا که چنین نبود بیم داشتم که مراد و آلتین بتوانند یکدیگر را خوب بشناسند.

غرق مشکلات و مسائل خودم بودم که تلفنم به صدا در آمد. آشفتگی ملایمی را در صدایش احساس کردم
" اسد! آلتین برای چند روز به تهران می آید. تنها نیست مادرش همراهیش می کند. می گوید:
یکی از شرکت های معتبر داروئی تعدادی از داروخانه ها را جهت آشنائی با یکی از داروهای جدیدش برای نشستی یک روزه به تهران دعوت کرده است ولی برای هریک آز آن ها سه روز هتل گرفته است.
می توانی آن نشستی را که می گوئی لازم است با او ترتیب بدهی؟ "

درحقیقت مراد موافقتش را با نشست حتا بدون حضور خودش اعلام کرده بود. واین می رساند که دلش می خواهد نظر و برداشت من را بداند. برداشته شدن سایه او ، به من هم امکان بهتری می داد.

وقتی در لابی هتل در انتظارش بودم، با اینکه یکبار در داروخانه و با روپوش سفید دیده بودمش، نگران اطراف را می پائیدم و بیم داشتم که بیاید و نشناسمش. چه تصورابلهانه ای، چون وقتی تقریبن همه ی سر ها به سویش چرخید فهمیدم که دارد می آید. برخاستم تا متوجه بشود. چون او هم مرا فقط یکبار و به مدتی کوتاه دیده بود. البته زیبائیش شاخصه چشمگیری بود که او را می شناساند.
رویم را چرخاندم و چند گام به سویش رفتم. ولی نگاه های کنجکاو چند نفری که در لابی بودند عذابم می داد.
دختری بغایت زیبا با سیمائی ترکمنی و بسیار شیک پوش با اندامی یگانه به رویم لبخند زد.
نگاهی خریدارانه به عروس احتمالی خانواده انداختم:
آلتین محصول بسیار زیبائی بود از پدری ترکمن و مادری دو رگه، با چشمانی که خیلی مورب نبود و همین بر وجاهت او افزوده بود. با چهره ای خندان و دندان هائی سفید و بدون کمترین نا هنجاری. به این خوش سیمائی، اندامی متناسب در حد کمی کوتاهتر از صدو هفتاد و کمی از ترکه ای پر گوشت ترجذابیتی خاص در صورت و اندامش پاشیده بود که هر بیننده ای را وادار می کرد بیشتر از معمول نگاهش کند. و بعد فهمیدم که با همه ی این مشخصات و فرزند یگانه بودن، شخصیتی محکم و با اتکا به نفس دارد.
جلو آمد دستم را فشرد و روی مبلی کنارم نشست.
داشتم برای شروع صحبت، کم می آوردم. نمی دانستم چکاربکنم.
شروع دستی قوی بود که گلویم را می فشرد و زبانم را سنگین و چوبی کرده بود، از بس مواظب بودم که مراد را ضایع نکنم. و بالا خره او بود که سکوت را شکست و مرا از بن بست رهانید:

" چای می خورید یا آب میوه سفارش بدهم؟
راه افتادم
" من باید می پرسیدم می بخشید، "
" چرا؟ در حقیقت شما به خانه من آمده اید. "

دریافتم که حریف قدر است.
" مادر را تنها گذاشته اید؟ از جانب من پوزش بخواهید. "
" رفته خرید، شوقی که اکثر خانم ها دارند "
" و شما را من از این شوق محروم کرده ام "
" من جزو اقلیتم. زیاد با خرید میانه ای ندارم "
جواب هایش روزنه ای باز نمی کرد تا بتوانم شروع کنم.
" می توانم از شما و مادرتان دعوت کنم که امشب یا فردا شب را برای شام به خانه ما بیائید؟ "
" زمان برای چنین مزاحمتی کم است. ما پس فردا بر می گردیم. بالاخره روزی مزاحم خواهیم شد.
مفری یافتم!
" وقتی که عروس خوشگل خانواده ی بزرگ ما شدید؟ در حقیقت ما یک قبیله ایم. "
گفتم تا پُز داده باشم. درست یا غلطش را نمی دانم.
به شوخی گفت:
" مگر شما عاقدید؟ "
بیشتر جرات کردم.
" خانم دکتر! تهران را چگونه دیدید؟ فکر می کنید از این شهر خوشتان بیاید ؟ "
" این بارمن فرصت دیدن جائی را نداشتم. ولی قبلن بخصوص در دوران دانشجوئی از تهران بدم نیامد ه بود . اما خب آرامش شهرستان را ندارد. آرامش را در شهرستان بخصوص شهر زادگاه خود بیشتر پیدا می کنی. من در شهرستان احساس می کنم وقت کم نمی آورم و شتاب خسته کننده تهران را ندارم. آرامش نیاز به روح و اعصاب راحت دارد که در شهرستان بیشتر میسر است. نمی دانم چرا زندگی در شهر های شلوغ فرصت دیدار و بهره وری از هم صحبتی و لذت با هم بودن را ندارد. "
داشت به من پاسخ میداد یا سخنرانی آمورشی بود؟
مثل کسی که از هدف این ملاقات آگاه باشد دست پیش را گرفته بود. داشت اختیار نشست را دست خودش می گرفت.

خودم را پیدا کردم. باید قافیه را نمی باختم. لازم بود واضح صحبت کنم. وقت داشت از دست می رفت و مطلب دندانگیری دستگیرم نشده بود
" پس اگر با مراد ازدواج کنید و بخواهید در تهران زندگی کنید حتمن بشما سخت خواهد گذشت. "
چند ثانیه ای در سکوت به چهره ام نگاه کرد.
" مگر قرار است با مراد ازدواج کنم؟ و مگر نمی شود با مراد ازدواج کرد و در " گنبد " زندگی کرد. این نظر شماست یا پیغامی از مراد است "
داشت با حمله متقابل، بدل می زد. مرا به سوک کشانده بود. تکه اول سؤالش را گرفتم:
" من فکر کردم چنین قراری دارید...نه، من حامل نظر هیچ کس نیستم. دارم به عنوان دوست هردوی شما، شاید کنجکاوی می کنم که می دانم زیبنده نیست."
خندید.
" وقتی که به پل رسیدیم فکر عبور از آن را می کنیم "
نه، گویا قرار نیست حریفش بشوم و گویا نمی خواهد خودش را رو کند. البته عجیب هم نبود. می رساند که دختر با تجربه ای است.
" در همان زمان بسیار کوتاهی که با مراد در " گنبد کاووس " بودم دریافتم که عمیقن شما را دوست دارد. امیدوارم این حسی دو طرفه باشد "
" بهتر است آدم همیشه امیدوار باشد "
واضح صحبت نمی کرد.
به ساعتش که نگاه کرد فهمیدم وقتم تمام شده است . برای ماندن بیشتر که شاید چیزی دستگیرم شود، با لحنی شوخی گفتم:
" دعوتتان برای چای سرجایش هست؟ "
جواب ها را در آستین داشت
" موقع آمدن مادرم است، برای شما اشکال ندارد که به ما بپیوندد و چای را با ما باشد؟ "

۱۸

تنهائی را و صحبت در روالی را که داشتیم از من گرفت.
تا حالا، نه فهمیده بودم که آیا مراد را در حدی که او دوستش دارد دوست دارد؟ و نه فهمیده بودم که در صورت ازدواج با او حاضر است به تهران بیاید؟
بازی با کلمات را بند بازانه میدانست. تصمیم گرفتم به آب بزنم و در حد لطمه به خودم و حتا ناراحت کردن هردویشان پرده دری کنم. فکر می کردم برای آگاهی بیشتر که این نشست را بدان سبب ترتیب داه بودم ، لازم است ملاحظه را کنار بگذارم، چون تا حالا حتا ذره ای از واقعیت ذهنش را رو نکرده بود. نم پس نمی داد.
" شنیده ام آقای قوچک آتابای پسر عموی شما سوارکار ماهری است "
گویا زدم وسط خال،
محسوس جا خورد و حتا کمی هم تغییر رنگ داد. اما من بدون توجه به حال و روز او ادامه دادم:
" من هم سوار کارم، خیلی دلم می خواهد جور بشود ببینمش و در این موارد با او صحبت کنم. "
" شما قوچک را از کجا می شناسید؟ "

" من برادری دو قلو !! برای مراد هستم. ما با هم نداریم، او در مورد تو و قوچک و احساس خودش، با من صحبت کرده است.
دریافت من این است که قوچک می تواند سد بزرگی در راه خواسته شما باشد. دلم می خواهد بیشتر در مورد او بدانم تا ببینم کاری از دستم ساخته است. "
" نه گمان نمی کنم. او را ببینی و هم صحبت شوی بهتر متوجه می شوی. قوچک یک ترکمن متعصب است "
" مگر تعصب ترکمنی با سایر تعصب ها فرق دارد؟ "
خندید.
" نه، ولی مثل هر متعصبی خشن، کور، و یکدنده است. "
" چاره چیست؟ "
" بهتر است اول تو او را ببینی، بعد من می گویم چاره چیست. "

و برخاست.
" اگر اجازه بدهی من دیگر بروم، وقتی برگشتم " گنبد " ترتیب ملاقات تو را با قوچک خواهم داد و به مراد می گویم خبرت کند "

۲

تلفنم زنگ زد...
قبل از آلو ، صدای عصبی مراد را تشخیص دادم که امان نداد...
" اسد مگر نمی دانی که بی تابانه منتظر نظر تو هستم؟ ...آلتین را دیدی؟ با او صحبت کردی؟ چی گفت؟ ... در یک جمله به من بگو نظرت در مورد خودش چیست؟ "
چه عجله ای داری مراد؟ فرصت بده جمع بندی های ذهنم را انجام بدهم. حریف خیلی قدر بود.
" اسد حال ادبیات را ندارم راحت با من حرف بزن."

" مراد بهترین است. زیبا، خوش صحبت و باسواد است. درک و دریافت تیزی دارد. اما گمان نمی کنم ساده بتوانی قوچک را دور بزنی. پریدن از روی مانع قوچک کار مشکلی است.
" بالاخره؟ "
" خواستم بالاخره را از دیدگاه او بدانم گفت باشد پس از ملاقات تو با قوچک. و قرارشد ترتیب این ملاقات را بدهد و مرا ار طریق تو مطلع کند. "
" اسد! آلتین تا پس فردا می آید گنبد، تو آمادگی داشته باش که هر وقت لازم شد بتوانی بیائی. دارد زمان می گذرد و من هنوز گام اساسی را بر نداشته ام. "
" مراد!این را هم بگویم که در مورد زندگی در تهران جواب روشنی نداد تو هم نه می توانی و نه به صلاح است که آنجا بمانی"
" چرا ؟ "
" این " چرا " ها و آن " بالاخره " ها را بگذار تا بهم برسیم و در نشستی اساسی تکلیف را روشن کنیم. "

بیش از آنچه که تصور می کردم خانم دکتر از پسر عمویش واهمه داشت. من نمی دانستم چه رابطه ای این چنین قوچک را اگر نه عاشق ولی خواهان متعصب " آلتین " کرده است تا جائی که ترس را در تمام وجود او دوانده است. و این موضوع کوچکی

نبود که مراد با آن مواجه بود.
باز گشت خانم دکتر به گنبد همراه بود با خبری که هم مراد را پریشان کرده بود هم خانم دکتر را.
تلفنِ ناگهانی و همراه با دستپاچگی مراد نیز این نگرانی را خوب نشان می داد.
" اسد! اگر می توانی زود تر بیا تا به اتفاق ببینیم چکار باید کرد. امروز آلتین نگران تلفن کرد و خبر داد که دیشب عمویش به خانه آنها رفته و رسمن او را برای پسرش قوچک خواستگاری کرده است و اجازه خواسته که به اتفاق زن عمویش و قوچک به قول خودش به دست بوسی بروند.
اسد، آلتین چنان پریشان بود که نتوانستم زیاد با او حرف بزنم. فقط گفت
" اینکار آنها درّه ای را بین ما گشوده است، که نمیدانم چگونه می توان پرش کرد. "

من قوچک را برای رسیدن مراد به آلتین مانعی بر طرف نشدنی می دیدم.، در نتیجه تصمیم گرفتم تا دو روز دیگر بروم گنبد ببینم چکار می توان کرد.
دیر رفتم، نتوانستم زود تر بروم. حدود ده روز بعد که مراد را دیدم، در آستانه جنون بود. وضع روحی درستی نداشت و بیشتر حرف هایش نامربوط و عاری از واقعیت بود.
" ...فکر می کنم به زور با او ازدواج کرده است....شاید هم بلائی سرش آورده باشد....این کلت را می بینی، تمامش را در سینه قوچک خالی می کنم...من فردا می روم صحرا تا او را بیابم... با چند نفر همراه نظامی می روم..."
" ببین مراد اگر ساکت نشوی و مرا به درستی در جریان نگذاری دلیلی برای ماندم نمی بینم.... آرام شو و بگو چه شده؟ "
" پس از اینکه در شب نشست خانوادگی " آلتین " می گوید من قوچک را مثل برادر خودم می دانم و نمی توانم زنش بشوم.

۲۳

قوچک با ناراحتی میهمانی را ترک می کند و مراسم خواستگاری عملن بهم می خورد. "
" ازکجا فهمیدی؟ "
" آلتین برایم تعریف کرد "
" خب ؟ "
" بیشتر نمی دانم. ولی الآن سه روز است که آلتین گم شده. "

نصف لیوان چای نه خیلی پررنگی گذاشتم جلویم. هرچه فکر می کردم نمی توانستم سر و ته قضیه را بهم برسانم.
مراد مثل مار گزیده ای دور خودش می پیچید. چند بار رفت سراغ تلفن ولی برش نداشت.
" اسد تا چایی ات را می خوری بر می گردم "
و بلوز نظامیش را از چوب رختی بر داشت.
" تو هیچ جا نمی روی و فرصت می دهی تا چایم را بخورم کمی در آرامش فکر کنم."
" چی؟ "
همان که گفتم. آرام بگیر. ما باید اول بدانیم که جریان صحیح چیست. بگذار در تاریکی راه نرویم. قبول کن که هر چیز ممکن است اتفاق بیفتد. خود دار باش و آماده برخورد با هر جریانی. با هیجان بی خود و دست پاچه، هیچ کاری درست پیش نمی رود.

ولی مراد کلافه بود. از آرامش همیشگی فاصله گرفته بود. داشت از لباس نظامی که چون سبیل های گربه به او قدرت می داد فاصله می گرفت. کمتر از دو ماه دیگراز خدمتش باقی مانده بود. با پایان آن می شد پر کاهی که قوچک دیگرتره هم برایش خرد نمی کرد. تصور بی یال و دم و اشکم شدنش برایم خوش آیند نبود.
" مراد همین حالا با مادر خانم دکتر تماس بگیر و جویا بشو. تصمیمی در سرم می چرخد که باید اجرایش کنم. "
" چه تصمیمی؟ "

تماس بگیر تا من نتیجه لازم را بگیرم. تو را بعد از تلفن از نظرم آگاه می کنم. ببینم گفته بودی که مادر آلتین از رابطه شما آگاه است و نظر موافق دارد، درست است؟ "
" بله درست است. "
" پس معطل نکن. تماس بگیر"
" چه بگویم؟ "
" چه بگوئی؟ چه سوال مسخره ای. بپرس از آلتین چه خبر؟ تا حالا برای یافتن او چکار کرده اید؟ بالاخره چکار می خواهید بکنید؟ و بسیاری سوال های دیگر. "

" هیچ اطلاعی ندارند. از قوچک هم خبری نیست. به پلیس اطلاع داده اند، ولی آقای شهردار خواسته که بی سرو صدا باشد "
زنگ مجدد تلفن هم دلهره را ریخت در جانمان و هم مشتاقمان کرد که حتمن خبر جدیدی رسیده است. "
" جناب سروان خبر خوبی ندارم. آلتین تماس گرفت. قوچک به او گفته یا با من ازدواج می کنی یا هر دو با زندگی وداع می کنیم ...دخترم مثل بید می لرزید. امروز پدرش با پدر قوچک به صحرا رفته اند. منتظرم. خبری اگر شد به اطلاعت می رسانم. "

" مراد! اگر بخواهی من فردا می روم ترکمن صحرا می روم دهی که محل زندگی وجای پرورش اسب قوچک است. او مرا نمی شناسد، و از رابطه من و تو بی اطلاع است. شاید توانستم خبری بگیرم. "

واقعن نمی دانستم چکار کنم. آچمز شده بودم. به مخده کنار دیوار تکیه دادم و در سفری دور و دراز به گوشه کنار فکرم، راه افتادم. بن بست عجیبی بود. نمی دانستم جناب شهردار از عشق و علاقه ی مراد و آلتین اطلاع دارد؟ نمی دانستم اگر اطلاع داشته باشد نظرش چیست؟ از رابطه پدرقوچک و پدر آلتین نیز هیچگونه درکی نداشتم. و حتا نمی دانستم که قوچک از رابطه مراد و آلتین

۲۵

خبر دارد ؟ تا چه حد؟ دانستن همه ی این ها می توانست کلیدی را دراختیار افکارم برای یافتن راه حل مناسبی قرار دهد.
" مراد شاید تا رسیدن خبری از مادر آلتین که حاصل دیدار شوهرش با پدر فوچک است منتظر بمانیم بهتر باشد "

بادی که می وزید تا آنجا سرد نبود که هر دوی ما شکایت داشتیم. دلهره و بی اطلاعی از آنچه دارد اتفاق می افتد سرما را زیاد تر نمود می داد. پیشنهاد مراد را برای اینکه با جیپ آرتشی گشتی در شهر بزنیم نپذیرفتم.
" از آنچه در خانه داریم ترتیب غذائی را بده. هم خودت را مشغول کن هم به داد گرسنگیمان برس. "
" و تو چکار می کنی؟ "
" تو را دم دستی! "
" من نه گرسنه ام و نه حوصله دارم، اما برای تو چیزی روبراه می کنم. اسد دلم شور می زند."
" ببین مراد تو باید خودت را برای از هیچ تا همه چیز آماده کنی. مقصر هم نیستی و نباید خودت را سرزنش کنی. بن بست یا گره عشقی هم اولین بار نیست که رخ می دهد. دو راه نجات هم بیشتر ندارد. پایداری، تحمل، و قبول آنچه که ناگزیر پیش آمده است، که می دانم سخت است و به قول معروف دوصد من استخوان می خواهد، و تو اگر بخواهی می توانی به این راه بروی، یا...."
" یا چی؟ "
" فکر نمی کردم حواست به من باشد. یا ...یا، اگر تحملش را نداری، خود کشی و خلاص شدن که می دانم تو در این حد ضعیف و درمانده نیستی. البته امید وارم همانطور که دلت می خواهد پیش برود...."

بحث را عوض کردم.
" من خیلی در مورد پنبه زار اینجا، بخصوص درگرگان و دشت

شنیده ام. شیفته تماشای آن از نزدیک هستم. "
" اسد نمی دانی چقدر زیباست. فکر می کنی در تمام دشت بر بوته ها گل برف روئیده است. شکوفا شدن غوزه های پنبه دشت را چنان سفید می کند که آرامش آن به روانت جاری می شود. من تا ندیده بودم هیچ تصوری در مقایسه با آنچه که وقتی دیدم نداشتم. تا بخواهی زیباست..."
داشت از ماجرا فاصله می گرفت داشت مرا با خود به کشتزارهای پنبه می برد. احساسش داشت نرمی پنبه را می یافت.
" ...وقتی همه غوزه ها باز می شوند و دختران پنبه چین به صحرا می ریزند با رادیو های ترانزیستوری برگردن و آواز خوانان و رقص کنان به جدا کردن مشغول می شوند، واقعن عالمش را نمی توان توضیح داد. "
بهتر دیدم در همین مسیر همراهش شوم.
" تو مرا بیاد چیدن برگ چای دردامنه کوههای لاهیجان و رامسر انداختی، آنجا هم دخترانی که گویا با توافق! هریک پیراهنی به رنگی بر تن دارند با همان رادیو هائی که اشاره کردی همچون فرشتگان به چای زار می ریزند و با چه پایکوبی ها و رقص و آواز های دلنشین محلی به برگ چینی مشعول می شوند. آدم به راحتی و آرامششان رشک می برد. "
و گریز زدم...
" بله مراد جان زندگی در سطوح مختلف می تواند زیبا و خواستنی باشد چه در کشت زارهای پنبه، چه در باغ های چای ، و چه در بسیاری مکان های دیگر "
بی آنکه کاری برای شام انجام بدهد، مثل من به مخده تکیه داد و پایش را دراز کرد.
" مرد! مثل اینکه من مهمانت هستم. از گرسنگی دارد سرم درد می گیرد. نمی خواهی کاری بکنی؟ "
" راستش چیز زیادی در خانه نداشتیم موافق باشی می رویم بیرون غذا می خوریم کمی هم برای خانه خرید می کنیم"

" موافقم. "

وقتی برگشتیم چراغ پیغامگیر تلفن چشمک می زد. دلم هری ریخت. دیدم که مراد برای شنیدنش خیز برداشت. مانعش شدم.
" صبر کن. به احتمال زیاد از سوی مادر آلتین است. خونسرد و عاقل باش هرچه بود فعلن با او مدارا کن تا خودمان را با مزه مزه کردن آن پیدا کنیم. "

" جناب سروان! می خواستم کمی با شما صحبت کنم متاسفانه خانه نیستید. فردا خودم مجددن تماس می گیرم. "

کمتر از یک دقیقه در سکوت به هم نگاه کردیم. چیزی دستگیرمان نشده بود. البته طنین صدایش مشخص می کرد که خبر بدی در کار نیست.
" اسد نظر تو چیست؟ مادر آلتین چه خبری دارد که شبانه زنگ زده است؟ کاری که سابقه نداشته. "
" مراد جان اولن ساعت چند دقیقه به ساعت هفت تلفن کرده، که هنوز خیلی شب نشده، از آن گذشته حتمن شوهرش بر گشته و با هم صحبت هائی داشته اند. می داند که تو نگرانی، خواسته کمکت کند تا کمی آرام بشوی. از آن گذشته در صدایش اضطرابی احساس نمی شود. ضمنن نگفته که بعدن تلفن می کنم ، زمان داده، گفته فردا تماس می گیرم. از آن گذشته توجه داشته باش که آلتین دختر اوست و در خطر است ممکن است صحبت های فردای او خیلی برایت جالب و خوش آیند نباشد.
مراد جان قربانت آرام تر با این موضوع برخورد کن. فردا که تلفن کرد ، دقت کافی داشته باش که بتوانی کلمه به کلمه اش را برایم تعریف کنی تا بتوانیم به اتفاق حلاجی کنیم و تصمیم درست بگیریم "

" جناب سروان سلام، دیشب مزاحم شدم نبودید "

" بله ممنونم پیغامتان را گرفتم. از آلتین چه خبر؟ "
" برای همین تلفن کرده ام. قبلن بگویم که تو مثل پسرم هستی ، و می دانی که در مورد رابطه تو با آلتین هیمشه هوای تورا داشته ام..."
من که صبحانه خورده روی مبل نشسته بودم، دیدم که رنگ چهره مراد تغییر کرد، گونه هایش قرمز و بعد پریده رنگ شد. با دقت گوش می داد و حرفی نمی زد. گویا خانم شهردار فرصت نمی داد و بنظر می رسید که با آمادگی ذهنی حرف می زند که یک روند است و مراد فرصت جواب نمی یابد.
" ولی حالا آلتین در دام است. خلاصه کنم . با قوچک مفصل صحبت کرده اند. او وجود تو را دلیل عدم قبول آلتین عنوان کرده است و گفته و قسم خورده که اگر آلتین با من ازدواج نکند، هر دویتان را از بین می برد می دانم برای هردوی شما سنگین و سخت و قبول نکردنی است. ولی چاره ای نداریم. خواستم خواهش کنم تو بعنوان یک مرد که تحمل بیشتر داری خودت را کنار بکشی و خدمتت که تمام شد، و می دانم به زودی تمام می شود، بخاطر جان آلتین از این شهر بروی و تلاش کنی تا بتوانی فراموشش کنی. تا ببینیم ماجرا چگونه حل می شود. راستش من برای سلامت تو نیز نگرانم. قوچک آدم دیوانه ایست."
بالاخره نوبت صحبت به مراد هم رسید و دیدم که چه مرادی شده است. چه محکم و متین و شمرده و با احترام حرف می زند.
" سرکار خانم ممنون از اطلاع رسانی شما. اما همانطور که می دانید، من در مرحله ای هستم که نمی توانم، ضمن اینکه اگرمی توانستم نیز نمی خواستم که آلتین را از دست بدهم برای من نه قوچکی مطرح است و نه بیمی از تهدید هایش دارم. اگر روزی شخص آلتین رو در رو دست رد به سینه ام بزند، ناچار و بر خلاف میلم به راه دیگری می روم، در غیراین صورت من هستم، و با همه اراده تصمیم دارم که این مشکل را حل کنم و آلتین را برهانم.
بهمین خاطر همین حالا به صحرا می روم و رو در روی مشکل

می ایستم. خبرش را خواهید شنید. نمی گذارم کمترین ناراحتی برای آلتین پیش بیاید. یکبار دیگر از تلفن شما متشکرم. ارادتم را به جناب شهر دار ابلاغ کنید.
با اجازه شما تا دیر نشده خداحافظی می کنم و راه می افتم. "

چنان ضربه ای به چانه ام خورده بود که گیج روی کاناپه افتاده بودم. تا آمدم به خودم بیایم مراد با هیبت یک آرتشی آراسته، در آستانه در بود.
" تو همین جا میمانی تا خبری از من بشود. و رفت. چه قاطعیتی در رفتار و چهره اش دیده می شد. رفت و مرا بهمان شکل، که بی تردید مادرآلتین را، در بهت فرو برد. حتا ذرّه ای حدس نمی زدم که چه در فکر دارد و عازم برای چه عملکردی است، فقط متوجه شدم که اسلحه با خودش نبرده است. خوشحال شدم و دریافتم که دارد می رود مثل یک عاشق راستین با مشکل روبرو بشود. بلا تکلیفی مثل خارش تمام پوستم را آزار می داد. آرامشم قالب تهی کرده بود. اگر هم نگفته بود :
" تو همین جا میمانی تا خبری از من بشود "
نیز من همین جا می ماندم. اگر گفته بود " میمانی تا برگردم " که تفاوتی بنیانی با " میمانی تا خبری از من بشود" داشت، شاید آرامش بیشتری می داشتم. ولی گویا رفت تا استخوانی در زخمی باقی نگذارد و بهر قیمتی، واین بشدت نگرانم کرده بود. دیدم مراد دیگری اسبش را زین کرده است. واین احترام خاصی را به من القا کرد.
من نمی دانستم اگر به صحرا رفته است، برای چه مسافرتی تاخت برداشته است و این، سردرگم ترم می کرد.
چای تازه ای دم کردم و غرق در فکربه مخده تکیه دادم.
تلفن که زنگ زد از جا پریدم. انتظار زنگ تلفن را نداشتم. می دانسنتم مادر آلتین است، چون آنطور که مراد صحبت کرد و گوشی را گذاشت آرامش را از یک مادر سلب کرده بود. بهتر دیدم جواب بدهم، و اگر بتوانم بانی آرامش او بشوم. نباید با توجه به

نشستی که در تهران با دخترش داشتم مرا نشناسد.
گوشی را برداشتم، کمی دستپاچه شدم صدای مرد بود:
" من " آتابای " هستم پدر آلتین "
خودم را پیدا کردم و فورن جمع و جور شده گفتم:
" جناب شهردار سلام عرض می کنم. می دانم می خواهید با جناب سروان شیبانی صحبت کنید. من پسر خاله اش هستم که برای دیداری از او آمده ام. ایشان حدود نیمساعت پیش خانه را ترک کردند. به من گفتند زود بر می گردند. "
شهردار که ساکت به حرفهایم گوش می داد با حالت خاصی گفت:
" رفت؟!...نگفت کجا می رود.؟ "
" نه جناب شهردار اگر کاری از دست من ساخته است بفرمائید در خدمتم. "
" اگر نگذاشته بودید برود کاری کرده بودید ولی حالا دیر شده است...می بخشید مزاحم شدم "
و گوشی را گذاشت.

بنظر من این تلفن که بسیار ملایم و با لحنی متعارف و آرام انجام شد می رساند که نباید عدم رضایتی در مورد مراد داشته باشند و اگر بتواند عاقلانه رفتار کند و یک جورائی با دست پر بیاید، پیمودن بقیه راه نبایستی مشکل باشد.
هجوم انواع فکر و حدس ها ی مختلف، در مغزم جنجال درست کرده بود. آقای آتابای حتمن می داند از ناحیه قوچک وضع از چه قرار است که گفت کاش نگذاشته بودی برود. واقعن نمی دانم حاصل این سفر با عجله ، چه خوهد بود.

دو روز بود از مراد خبری نداشتم. تنهائی و بلاتکلیفی عذابم می داد. نمی توانستم بر گردم تهران، نمی خواستم و نمی‌توانستم بدون اطلاعی از مراد، چنین بر گشتی داشته باشم.
نه، یارا نبودم. کجاست و چه کارمی کند؟ و عاقبت چه خواهد شد، سؤال بزرگی بود که در معزم گردش بی وقفه داشت.

صبح قشنگی بود. لباس پوشیدم و پیاده راه افتادم. آفتاب دلچسب خردادماه تاثیر خوبی در روحیه ام داشت. قدم زنان رفتم تا داروخانه، باز بود. رفتم تو و تقاضای قرص رفع سردرد کردم. خانمی داروخانه را اداره می کرد.
" می بخشی! قبلن خانم دکتر دیگری اینجا بود، مبارک است شما داروخانه را خریده اید؟ "
" نه، من موقت اینجا هستم، گمان می کنم شما سراغ خانم دکتر آتابای " را می گیرید؟ ایشان برای مدت کوتاهی به مسافرت رفته بودند. فردا برمی گردند. "
جا خوردم.
" فردا می توانم ببینمشان ؟ "
" چه کارشان دارید؟ من می توانم کمک تان کنم؟ "
" خودم کاری با ایشان ندارم. حامل پیغامی برایشان هستم "
" بله، فردا اینجا هستند "
تشکر کردم و دستپاچه و گیج زدم بیرون. خانم دکتر آلتین فردا در داروخانه هستند؟ مگر می شود؟ پس مراد کجاست؟ جریان چیست؟ نمی دانستم از کجا و چگونه شروع کنم. نمی خواستم مزاحم خانواده خانم دکتر بشوم. قلاب ذهنم به جائی گیر نمی کرد. برگشتم خانه. گرسنه بودم. سه تا تخم مرغ را در روغنی بسیار داغ شکستم. من قوام گرفتن سریع تخم مرغ را دوست دارم و حالت سوختگی کناره های سفیده اش را. همه این کارها را بی تمرکز کافی انجام می دادم. با لیوانی آب خنک، در همان آشپزخانه نشستم. هنوز درست و حسابی شروع نکرده بودم که تلفن صدایش در آمد.
" آلتین ام."
" منتظر بودم "
" چه؟ منتظر من؟ "
" دارم از داروخانه ات می آیم. آنجا شنیدم و بهت زده شدم. "
خنده اش شاد بود

" مراد زنده ست؟ منکه دارم از پا در می آیم. بی خبری کلافه ام کرده است. پس چرا او را با خودت نیاوردی؟ "
" در تهران روزی که در هتل صحب می کردیم، چه مسلط و خونسرد می نمودی، حالا چرا دستپاچه و بیشتر نگرانی؟ "
" دلیل هر دو حالت من " مراد " است، مرادی که برادر من است، مرادی که هم دوستش دارم و هم برایش احترام قائلم. "
" نگران نباش تا یکی دو روز دیگر خواهد آمد. تو باید به داشتن چنین پسر خاله ای افتخار کنی. می گذارم خودش برایت تعریف کند. فقط همین را بگویم که بسیار آرام و منطقی و با خوش روئی عمل کرد. من افتخار می کنم که.... "
" افتخار می کنی که چی؟ پس چرا با خودت نیاوردیش؟ "
" خودش خواست یکی دو روز دیگر بماند. "
" کجا بماند ؟ "
" خانه قوچک ! "
" قوچک!؟ "
" بله. با قوچک خیلی دوست شده است. و من از این بابت خیلی خوشحالم "
" نگفتی؟ "
" چی را "
" گفتی من افتخار می کنم که....بقیه اش را نگفتی. "
" که مراد چنین خوب عمل کرد. "
کمتر دیده ام که در چنین بزنگاهائی دختری بند را آب بدهد. چنان پرتت می کنند که اگر خودت را جمع و جور نکنی استخوان هایت خُرد! می شود.
" بنظر می رسید در بیان بخصوص احساست بیش از این ها شهامت داشتی، یا من چنین فکر می کردم. اگر مراد خوب عمل کرده است آفرین دارد نه اینکه به او افتخار کنی. "
" در این ماجرا رفتار مراد، رفتار مردی بود که من دنبالش می گردم، آرام، منطقی، آقا، و محکم. "
" من هم حالا که تو می گوئی به چنین پسر خاله ای به خود می

بالم. ضمن اینکه با خوشحالی تبریک می گویم "
" چه می گوئی؟ "
" همان که شنیدی، حتمن پدر ومادرت هم از دیدن تو خیلی خوشحال شدند"
" همین طوره. در مورد مراد و کل ماجرا نیز برایشان گفتم. و تا دیدم که پدرم آمادگی دارد، رک و راحت نظرم را در مورد مراد گفتم و مادرم چقدر خوب دنباش را گرفت.
با اجازه ات من دیگر بروم چون همه فامیل آمده اند و منتظراند "

۳

نفس راحتی کشیدم و فورن به تهران تلفن کردم و همه ی ماجرا را با پدرم در میان گذاشتم. خیلی خوشحال شد
آنقدرکه به شوخی گفت: خواهر ندارد؟
قرار شد او با پدر و مادر مراد تماس بگیرد و آن ها را در جریان بگذارد "

" فکر می کنم متوجه شدی، رفته بودم که تمامش کنم. هم جان آلتین را برهانم و هم استخوان را از لای زخم بیرون بکشم.
بلاتکلیفی داشت می تراشیدم.
پرسو جو شدم و یک راست رفتم سراغ قوچک. خودم را معرفی کردم و گفتم:
آمده ام تا مثل دو دوست با هم حرف بزنیم."
گفت:
" دورا دور می شناسمت. و می دانم که آلتین دختر عموی من را دوست داری. من عادت ندارم که جواب سر بالا بشنوم. برای همین آوردمش اینجا تا نزد مادرم و زیر نظارت من باشد. حالا آمده ای اینجا که چکار کنی؟ البته می بینم که اگر چه با لباس نظامی آمده ای، ولی اسلحه همراه نداری، پس واقعن می خواهی با هم دوستانه صحبت کنیم. در خدمتم بفرمائید. "

" از آرام و با احترام و خونسرد حرف زدنش خوشم آمد.
" می دانم که تو، چون آلتین دختر عمویت است بیشتر به او تعصب داری، و چون برادر ندارد سینه سپر کرده او هستی. و چون اعتقاد داری که عقد دختر عمو و پسر عمو در آسمان ها بسته شده است پس بی تردید باید او برای تو باشد، و..."
با یک می بخشید، صحبتم را قطع کرد، و گفت:
" من آدم خرافاتی و املی نیستم، حتا می دانم که از نظر پزشکی ازدواج پسرعمو و دختر عمو خالی از اشکالاتی برای کودکانشان

نخواهد بود. ضنن بدان که من نه آدم بیسوادِ عقب مانده ای هستم و نه آنطور که شلوغش کرده اند گرایش " لومپنی " دارم. با این معرفی مختصر از خودم، امیدوارم راحت تر با هم صحبت کنیم. "

" من هم با این تصور که چنین شخصیتی داری، شخصیتی که کمی از آن را شرح دادی به دیدنت آمده ام. من بهیچ وجه جز همینی که می بینم تصور دیگری از تو نداشتم. من حتا می دانم که دانشجوی دامپزشکی بوده ای و می دانم که سوار کار ماهری هستی و به پرورش اسب عشق داری. آمده ام تا اگر در مورد ازدواج با آلتین جدی هستی و قبول داری که در چنین مواردی یکی از شروط اصلی، رضایت طرف مقابل هم هست، به اتفاق نشستی با او داشته باشیم و پس از دریافت نظرش تصمیم بگیریم. همینجا و همین حالا به تو قول می دهم که اگر آلتین دست رد به سینه من گذاشت درکوتاهترین مدت برای همیشه گنبد را ترک کنم. ولی خواهش می کنم که پس از این نشست در اولین اقدام آلتین را روانه گنبد کنیم، چرا که مادرش در نگرانی عمیقی است."

" در سکوتی سنگین نگاهش را به من دوخت، و تا مدتی بهمین شکل باقی ماند، و مرا در عذابی توان سوز نگه داشت. نمی دانستم چه پاسخی خواهد داد. امیدوار بودم که کار بهمین روالی که تا اینجا آمده پیش برود.

در دفتر کارش که در کنار اصطبل اسب هایش بود نشسته بودیم. برخاست و تمامی سر و صورت و گردن و گوش هایش را با هر دو دست چنان فشار داد که سرخ شد در آستانه در خروجی و کنار دو اسلحه شکاری که آویزان بودند ایستاد. یکی از آن ها را برداشت و رویش را به من کرد. و همچنان در سکوت. من هم بی کمترین تکانی آرام نگاهش می کردم. داشت تحمل و شهامت مرا محک می زد، نمی دانم یا شاید داشت خودش را جستجو می کرد. با اسلحه یک قدم بسویم برداشت، و حالا فاصله اش با من کمتر از دو قدم بود و همین گامی را که به سویم برداشت و شاید برای ریختن دلهره در جان من بود، متوجه هم کرد که قصد شلیک ندارد

با اینکه لوله اش راهم بالاتر گرفت . اگر اسلحه سرد بود چرا، ولی با اسلحه گرم این همه فاصله را کم نمی کنند.
در این فکر بودم، که جلوتر آمد دو لولش را از ورای رویه میز روبروی شکمم گرفت. دستش را چنان به قنداق گرفته بود که من احساس شلیک کنم. داشت از عدم واکنش من تعجب می کرد. باز به صورتم خیره شد. من صلاح دیدم حتا حرف هم نزنم و بگذارم ببینم چکار می خواهد بکند. پیشنهاد سنگینی را مطرح کرده بودم. فرصت لازم داشت. ولی با تعجب آن ور صفحه را گذاشت، و شنیدم که بسیار آرام گفت:
اهل شکار هستی؟ در اینجا می توان قوچ های وحشی یافت که کبابشان بسیار خوشمزه است.
نوبت من بود اورا برای شنیدن پاسخ در انتظار بگذارم. تحملش کمتر از من بود چون گفت: نگفتی، موافقی؟
نه، من اهل شکار نیستم از کشتن خوشم نمی آید.
بر گشت تفنگ را به قلابش آویزان کرد. آمد روبرویم نشست و بسیار واضح و محکم گفت:
موافقم.
من هم اگر او را موافق ندیدم قول می دهم با هر زحمت و فشار و تقلائی است اسم و فکرش را از جدار مغزم بتراشم. مرا بسیار صمیمانه در آغوش گرفت و گفت برویم . برویم خانه ما. هم مادرم را ببین هم ناهاربخوریم و هم نشست پایانی را با آلتین داشته باشیم تا بتوانیم همین امروز عصر روانه اش کنیم به گنبد.
آلتین خانه شماست؟ بله تنها نیست مادرم هم با او است.
نفسم همراه با خیالم راحت شد.

" قوچک ! من از بچگی از وقتی که خودم را شناختم بعنوان یک برادر خوب و دوستداشتنی تو را دوست داشته ام، به تو افتحار کرده ام، با تو پُز داده ام، ودلم در بیشتر ناملایمات با فکر بودن تو قرص بوده است در دانشکده هم از وقتی که تو را دیدند، کسی گرد ناراحت کردن من نگشت. اما هرگز تصور اینکه با برادرم ازدواج

کنم نداشته ام. خواهش می کنم متوجه باش که چه می گویم.
خواهش می کنم از من رنجشی نداشته باش و قول بده که مثل همیشه پشت و پناهم باشی. حالا هم با اینکه عمیقن مراد را دوست دارم و دریافته ام که می تواند مرد زندگیم باشد اگر تو اجازه ندهی پا روی دلم می گذارم و به او جواب رد می دهم.
و اشکی تلخ بدرقه حرفهایش کرد.
و سکوتی همه جانبه.
این بارمن سرم پائین بود تا راحت بتوانند همدیگر را نگاه کنند و تصمیم نهائی را بگیرند.
چون سکوت ادامه یافت و دیدم که هرسه جوابمان را گرفته ایم، حالت برخاستن به خودم دادم و با گفتن:
اجازه بدهید من بروم، چون هنوز مدتی از خدمتم مانده هر چند جانشینم آمده است.
قوچک، بسیار قاطع گفت:
شما جائی نمی روید. خواهش می کنم دو روزی را میهمان رسمی من باشید. احتیاج دارم که تنها نباشم.
از اتاق بیرون رفت و پس ازبیش از پانزه دقیقه با مادرش برگشت:
مادر، با نامزد آلتین آشنا شوید. مرد آراسته ای است.
دیدم که چشمانش سرخ شد و از اتاق بیرون رفت.
آلتین هم برخاست وبا گفتن می دیگر بروم مادرم به شدت نگران است، به دنبال قوچک از اتاق بیرون رفت.
بدون نگاه به من گفت :
" گنبد می بینمت. "
" خواهش می کنم به پسر خاله ام تلفن کن او هم به اندازه مادرت نگران من است."
قوچک اورا تا سوار شدن براتومبیلی که به گنبد می رفت همراهی کرده بود.

به من نگفت که بهنگام سوار شدن به اتومبیل به سوی گنبد، و در

آخرین لحظه، قوچک در گوشش چه زمزمه کرده است.
اگر گفته بود، به احتمال زیاد متوجه می شدم که منظورش چه بوده است.

" آلتین! احساس می کنم ترسی در جانت وول می خورد نمی خواهی در موردش با من صحبت کنی؟ "
" نه مراد خیالت راحت باشد، قوچک در گوشم چیزی نگفت "
اگرچنین بود و قوچک چیزی نگفته بود، نباید می گفت:
" نه مراد خیالت راحت باشد. "
و این می رساند که هنوز قوچک در زندگی ما حضور دارد

٤

آقای آتابای! اجازه می دهید خانواده ام از تهران خدمت برسند و رسمن خانم دکتر آلتین را از شما و سرکار خانم آتابای خواستگاری کنند؟
با همه ی ادعا، خیس عرق شده بودم. قلبم مثل قلب کبوتر می زد. صدایش را می شنیدم.
آلتین نبود در حالیکه قرار بود حضور داشته باشد تا قوت قلبی برایم باشد.
سرم را پائین گرفته بودم. دهانم خشک شده بود. سکوت، سنگینی آوار را برایم داشت.
یک لحظه نگاهم را به مادر آلتین دوختم. نزدیک بود بند دلم پاره شود. قیافه اش در هم بود، چرای بزرگی در ذهنم دوید و کلافه ام کرد. در این نگرانی عمیق داشتم لورده می شدم که آقای شهردار رو به همسرش سکوت را شکست:
" خانم شنیدید که آقای شیبانی چه گفت؟ "
" بله شنیدم."
" نظرت چیست؟ هر چند می دانم که بی خبر نیستی ولی نظر قطعی و نهائیت را می خواهم. "
" نظر من با نظر شما یکی است. اتفاقن نظر نهائی را باید از شما بشنویم. "
داشتم بیقرار می شدم. آلتین کجا می توانست باشد؟
صدای آقای آتابای بیشتر از معمول جدی و پر طنین بود.
مستخدمه از همان جلوی در اتاقی که نشسته بودیم رو به مادر آلتین گفت:
" خانم شام حاضر است "
و رفت.
با همان صدا، پدر آلتین رو به من دعوتم کرد به شام.
" جناب آتابای با تشکر اگر اجازه بدهید از خدمت مرخص می

شوم. پوزش می خواهم که وقت شام مزاحم شده ام. "
بالاخره آلتین پیدایش شد.
" شام را من ترتیب داده ام مگر می شود نمانید. "
و مادرش ادامه داد:
" شما درست همان ساعتی را که ما تعیین کرده بودیم آمده اید، مزاحم یعنی چه؟ ...بفرمائید. "
و بطرف محل شام رفت آقای آتابای هم دست مرا گرفت و به اتفاق به مادرو دختر که هنوز دور میز ننشسته بودند ملحق شدیم. و تا من را ننشاندند، خودشان ننشستند.
آخرین نفر پدر آلتین بود که جای مخصوص خوش نشست و در حین نشستن رو به من گفت:
" گمان می کنم با دعوتی که آلتین کرد ، و این اشاره که شام را من تهیه کرده ام، جواب شما داده شده است. هرچند کاش آلتین گذاشته بود مستخدم شام را می پخت که خوردنی باشد. "
و برای اولین بار در این ملاقات خندید و آلتین با حالت مخصوصی گفت:
" بابا! "
در ضمن خوردن شام، پدرش رو به او گفت:
" خب آلتین جان از کی آشنا شده اید؟ زمان برای این انتخاب کافی بوده است. ؟ می بینم که خیلی خودمانی شده اید. "
" بابا سوالی نکنید که شرمنده جواب باشم "
" چرا شرمنده عزیزم. شما بهترین کار را انجام داده اید، می خواهید یک عمر باهم باشید. هر رفاقتی دقت های اولیه ای را لازم دارد. ازدواج اگر توام با تفاهم نسبی باشد پر دوام تر است و می تواند تبدیل به دوستی شود که هرچه کهنه ترش مثل شراب مطلوب تر و بهتر است. "

" پدر این را هم بگویم که از همان اولین گام مادر در جریان بوده است ضمن اینکه خودم هم توجه کامل را داشته ام "
" شما آقای شیبانی چرا صحبتی نمی کنید؟ "

" جناب آتابای من دارم به مظنه هائی که در مورد من ارائه می شود گوش می دهم "
و خنده آلتین حمایت مشخصی بود از من.
" این دختر ما، خیلی سختگیر است تو چه مهره ماری داری که او را نرم کردی "
" من بی ریا و بدون نقاب، همانی که هستم جلو رفتم . و حالا اعتراف می کنم که آلتین را با تمام خواستم دوست دارم. در بر خورد هائی که با او داشتم، پخته، خوش حرف و خوش فکر یافتمش. امکان ندارد که روزی متوجه بشود من اینی که نشان داده ام نیستم. اعتراف می کنم که از مادرم خواسته ام قلبن آرزو کند تا بتوانم با او ازدواج کنم. حتا یک لحظه تصور این را نکرده ام که آلتین همسر من نشود. درست است که آلتین نه هواخواهان که خواستگاران زیادی داشته است، ولی گمان می کنم که محک شخصی او جوابی دلخواه نگرفته است. من هم اگر که احتمالن ناب نیستم ولی ناخالصی های ناجوری هم ندارم. "
" شما که بیشتر از آلتین گویا ئی دارید آقای شیبانی. "
" بحث را ادامه ندهیم شام بخوریم ولی حواستان را جمع کنید که انگشتتان را بخاطر خوشمزگی آن نخورید."
" آلتین جان تو هم، داری دست پیش را می گیری؟ "

" اجازه می دهید من بروم تهران تا با کاروان خواستگاران بیائیم گنبد ؟ ...موافق هستید، سالن شهرداری را برای مراسم عروسی آماده کنیم؟ "
" نه پسرم رسم ما ترکمن ها چنین است که همه تدارکات اعم از سالن و خرید و تهیه شام و محل زندگی عروس و داماد به دور از تعلقات خانواده عروس باشد. همه بایستی به شکلی از داشته های داماد و خانواده اش باشد. "
" متوجه شدم آقای آتابای ...بطور موقت هم ترتیبش را می دهیم ولی همانطور که می دانید همه ی تعلقات ما در تهران است. مراسم را در گنبد بر گزار می کنیم چون فعلن آلتین آماده و

علاقمند به آمدن به تهران نیست.
شما هر کس و بهر تعداد مهمان که می خواهید دعوت کنید، از طرف ما هم، همه با یک اتوبوس در بست می آیند و برای اقامتشان هتل تهیه خواهیم کرد.
با اجازه شما من فردا می روم تهران هر وقت شما آماده بودید اطلاع بدهید حرکت خواهیم کرد "
" نفهمیدم! چه شد؟ مراد خان شیبانی مگر از من بله گرفته ای که چنین می بری و می دوزی؟ "
" ببخشید سرکار خانم دکتر آلتین آتابای که پیشا پیش در نقش عاقد مربوطه عمل می کنید... اجازه می دهید فردا به تهران بروم وترتیب آمدن خانواده ام را بدهم؟ "
" خیر، هیچ لزوی به رفتن تو نیست پسر خاله ای چون اسد را دارید که می تواند همه را راه بیاندازد. تو باید اینجا باشی که بر سایر کارها نظارت داشته باشی. "

داشتیم چای بعد از شام را می خوردیم ، هردو تنها بودیم.
" آلتین جدی گفتی؟ نمی خواهی بروم تهران ؟ می دانم که اسد می تواند همه را درست و حسابی راه بی اندازد ولی تو واقعن دلت نمی خواهد ؟ "
" بله دلم نمی خواهد از تو دور شوم، ضمن اینکه باید به اتفاق سالنی را پیدا کنیم. لیست مهمان ها را تنظیم کنیم. ترتیب عکاس و فیلمبردار را بدهیم و خیلی کارهای دیگر. از آن گذشته باید روزش را به اتفاق و بر اساس تمام شدن کارهای جنبی معلوم کنیم و طرح کارت های دعوت را انتخاب کنیم. می بینی که به تو بیشتر از تهران در اینجا نیاز هست. "
" پس من فردا با خانواده ام و با اسد مفصل تلفنی صحبت می کنم و می مانم تا به اتفاق مشغول کارهائی بشویم که ردیف کردی."
" شب وقتی خواستی بروی اتومبیل مرا ببر و فردا صبح بیا سراغم "
" فکر کردم می گوئی دیگه دیر وقته همینجا بمان "

" داریم به اینجاش هم می رسیم. آنقدر شب ها با تو خواهم بود تا خسته بشوی. "

" تو چی ؟ تو هم خسته می شوی؟ "

" وا نمانی،... فورن پای من راهم به میان بکش."

" خب من دیگر می روم. از آقای آتابای و مادرت از جانب من خدا حافظی کن. "

" خودت خدا حافظی کن. می روم خبرشان کنم که داری می روی "

کلید اتومبیلش را که به من داد، تا محل پارک همراهیم کرد. دل به دریا زدم، به اتومبیل تکیه دادم و کشیدمش بسوی خودم در آغوشم فشردمش و با تمام احساس بوسیدمش. چشمانش را که بست فهمیدم که او نیز با همه ی خواست موافق است

یکی از بهترین هتل ها را برای یکهفته اقامت در اختیار گرفتند. در حد امکانات شهر برای هرچه بهتر برگزار کردن مراسم، پدرم مصمم ایستاده بود و کمترین دریغی نداشت.

قاطی شدن پدرو مادرم با خانم و آقای آتابای بسیار برای هردوی ما، من و آلتین، خوشحال کننده بود.

" مراد، پسرم واقعن از انتخاب ات هم من و هم عطا خیلی خوشحالیم. "

او همیشه پدرم را " عطا " می نامید و این نام، یکی از یادگارهای دوران نامزدی اش بود.

" عطا گفته، من که بیش از یک فرزند ندارم بهمین خاطر تا آنجا که مقدور است مجلل بر گزارش می کنم. برای عروسش انگشتری خریده است که خیره کننده است و دو قالی بسیار نفیس و دیدنی اصفهان هم برای آقا و خانم آتابای آورده است...مراد می بینم که که سر کیسه را کاملن شل کرده است. و از روزی که شنیده قرار عروسی گذاشته شده مرتب می گوید هرچه دارم به پای " مراد " زندگی ام می ریزم

" پسر خاله مبارک باشد..
دیدم قوچک است که هفت قلم! شیک کرده است.
من که نفمیده بودم چرا " پسر خاله " خطاب شده بودم، با خونسردی و خوش روئی کامل جوابش را دادم:
" پسر عمو از آمدنت بسیار خوشحال و ممنونم. دلم می خواهد با پدر و مادرت آشنا شوم. "
" به خانمت بگو معرفی ات کند "
تو حال و هوای روبراهی نبود. بیشتر با کنایه صحبت می کرد.
داشتم در شلوغی و ازدهام مهمان های فراوان دنبال آلتین می گشتم، دیدم هر سه پدر و مادر ها را با هم جمع کرده است.
مرا که دید صدایم کرد جلو که رفتم خیلی جدی اول پدر و مادر خودم را معرفی کرد. همه ی دور میزی ها خندیدند.
و بالا خره موفق به آشنائی با پدر مادر قوچک شدم:
" با عموی عزیزو زن عموی مهربانم که هر دو را بسیار دوست دارم آشنا بشو."
برخلاف چهره درهم قوچک، بسیار محترم و مهربان مرا در آغوش کشیدند، بوسیدند، و تبریک گفتند.

آلتین، در لباس عروسی بسیار برازنده تر و زیبا تر از قبل شده بود. بنظر می رسید بلند قامت تر شده است.
دسته گلی را که با خود حمل می کرد خوشحالتر نشانش می داد.
مادرم تا آنجا که من دیدم بیش از سه بار او را بوسیده بود و هر وقت " که به دفعات بود " با منقل کوچک " ورشو " ئی که با خود از تهران آورده بود راه می افتاد و بر روی آتش های گلش اسپند می پاشید و دودش را با منقل دور سر آلتین و من می چرخواند چهره مادر آلتین از شعف شکوفا می شد.
رفتم سراغ قوچک که تنهائی نشسته بود داشتم یکی از صندلی های خالی را می کشیدم جلو تا کمی با هم گپ بزنیم که صدای آلتین را از دور شنیدم:
" مراد دو تا صندلی بر دار منهم دارم می آیم."

۴۷

اولین کنایه اش را حواله ام داد که از نظر آلتین شیرین زبانی بود:
" شیرین و فرهاد نمی توانند یک لحظه از هم دور باشند "
" قوچک جان چرا تنها نشسته ای؟ امشب عروسی من است، واقعه ای که فقط یکبار درزندگی ام اتفاق می افتد. "
" آلتین جان دارم خودم را می سازم. من که مثل شما از شراب عشق سر مست نیستم...دختر عمو واقعن فرشته شده ای. امیدوارم مراد قدر گنجی را که به دست آورده بداند. "
ساکت و بدون عکس العمل نگاهش کردم. ولی درد خاصی در وجودم ریخت. نگاهم را به آلتین دوختم، چشمکش آرامم کرد.

موسیقی آرامی مترنم بود. تقریبن همه ی مهمان ها آمده بودند. اسد، میکروفن را گرفت وبا صدائی رسا گفت:
" خانم ها و آقایان محترم که با تشریف فرمائی خود عروس و داماد و خانواده هایشان را خوشحال کردید شما را دعوت می کنم به رقص دونقره خانم دکتر آلتین آتابای عروس خانم زیبا که عزیز قبیله ماست ومراد شیبانی که پسر خاله من است توجه فرمائید. پیوندشان مبارک "
پاره ای از چراغ ها خاموش بودند وبرای یک تانگوی عاشقانه آلتین در آغوش من قرار گرفت.
حال خوبی احساس می کردم...باورم نمی شد، ولی واقعیت داشت...رایحه مست کننده ای که از تمامی بدن او بر می خاست پروازم داده بود. عطری را به کار برده بود که دوست داشتم.

باور نمی کردم با روابط و امکانات مالی پدرم سربازی را در شهر دیگری جز تهران بگذرانم. فکر نمی کردم به گنبد اعزام شوم و گمان نمی کردم که با آلتین آشنا شوم که دربست تسخیرم کند.
" حواست کجاست مراد؟ همه دارند نگاهمان می کنند، اما تو با من نیستی، کجائی؟ "
" باور کن دربست با توام. داشتم تا به اینجا رسیدنم را مرور می کردم، و چطور شد که به اینجا رسیدیم."

" ای مراد! من چطور می خواهم با تو زندگی کنم که بیشتر از یک خلبان در افکارت پرواز می کنی..
وقتی می چرخیم بیشتر مرا به خودت بچسبان ناظران کلی تفسیر خواهند کرد. "
حا لا دیگر محوطه رقص پر شده بود و بسیاری از دختر ها و پسرها با استفاده از شلوغی و فرصت، داشتند حال می کردند.
مادرم با سبدی که پر از فقط گلبرگ های رنگارنگی بود که قبلن تهیه شده بود خودش را به ما میرساند و آن ها را به سرهر دوی ما می ریخت و کِل می زد...عجب بساطی شده بود.
شب پر شور و حالی بود و بنظر می رسید که هر یک بنحوی از شرکت در این عروسی راضی هستند.
از همدم و هم زبان و هم نشینی پدر مادرم با پدر مادر آلتین که خواست درونی من بود خوشحال بودم.
روز اولی که آلتین را دیدم گمان نمی کردم که در فاصله نه چندان دوری به چنین شبی برسم. و این رسیدن را مدیون ذهن روشن و برداشت منطقی آلتین هستم که نه خودش و نه من را اسیرنکرد، اسیر سنت ها و پُز ها و افکاری که ریشه در تصوراتی کهنه و کپک زده دارد، اعتراف می کنم که سطح دید و برداشت او از زندگی، بسی بر تراز من بود و توانست من را به دنبال بکشاند وقتی پس از اولین بر خوردم با او و چند تلفنی که با هم داشتیم و من نمی دانستم چه تاثیری داشته است ناگهانی به خاطرموضوعی خانوادگی بی خبراز او برای ده روز به تهران رفتم، وقتی برگشتم آلتین همانی بود که موقع رفتن ناکهانی و بی خبرم. و دریافتم که عمیقن مرا دوست دارد و این دوری کمترین تاثیری در رابطه ای او با خودم ندیدم و لذت بردم. و این اولین درس تاثیر گذاری بود که به من داد و علاقه ام را به خودش از اختیار اراده ام خارج کرد.
در لباس عروسی یک پری بود که برای من فرستاده شده بود. و من هرگز نفهمیدم که این همه سهم چرا به من تعلق گرفته است.

" آلتین تو کی هستی، فرشته ای؟ "
با چنان حیائی چشمانش را به من دوخت که از گفتن پشیمانم کرد. گلهای شرم را بر گونه هایش دیدم.
بسیار آرام و آهسته، به گونه ای که تا آنموقع نشنیده بود گفت:
" مراد! تو در مورد من چگونه اندیشیده بودی؟... چیزی جز آنچه که حالا متوجه شده ای؟ "
چه می توانستم بگویم؟ لال شده بودم. سرم را روی سینه او گذاشتم، و از پائین به چهره معصومش نگاه کردم و لب های گرمش را بوسیدم.
دیگر در این مورد حرفی نزدیم

۵

بیشتر از دوماه است که ازدواج کرده ایم، ولی هنوز هیچکداممان نتوانسته ایم تصمیم نهائی را برای شهر محل اقامتمان بگیریم.
آمدن همسرم به تهران مستلزم فروش داروخانه، رضایت پدر مادرش ، و از همه مهمتر آمادگی خودش است
من هم امکان پیشرفتم فقط در تهران مقدور است. من در گنبد احساس بیگانگی می کنم، در حالیکه می دانم آلتین در تهران بهتر از من در گنبد خواهد بود.

" مراد اگر بیکاری حوصله ات را دستکاری می کند، پیشنهاد می کنم بیا داروخانه، خودت را مشغول کن "

می دانم که با صداقت کامل این حرف را می گفت، ولی من احساس تحقیرمی کردم و حسابی دلخور می شدم.

آلتین زن بسیار با محبتی است و مرا عمیقن دوست دارد و در بیشتر مواقع با مهر فراوان جلوی دیگران بخصوص در حضور قوچک و پدر و مادرش از اینکه با من ازدواج کرده است ابراز خوشحالی می کند. در یک هفته ای هم که به اتفاق بتهران رفته بودیم چنان خودش را در دل مادرم جا کرد که رسمن قربان صدقه اش می رفت و هر روز برایش اسپند دود می کرد.
برای همین ، این بار که تنها آمده ام در هر فرصتی صحبت او را پیش می کشد.
" مادر مراد! به راستی زنت خوشگل و بخصوص با محبت است. چند روز پیش پدرت می گفت خیلی خوشحالم که خانم دکتر عروسم شده است. "
" اما مادر من که نمی توانم داماد سر خانه باشم. هم خودم قادر به

کارکردنم و می توانم حسابی پول در آورم و هم در واقع پسر یک دانه خانواده ای ثروتمند هستم و در حقیقت ابدن نیازمند نیستم. ولی نمی خواهم فشاری را بر آلتین تحمیل کنم"

" مراد جان خبری از قوچک نداری؟ "
" نه پدر. حتا حرفش هم پیش نیامده است. "
" می خواهی بگوئی کسی که در حد دزدیدن دختری به او علاقمند بوده، از بیخ و بن همه علاقه اش را فراموش کرده؟ هیچ آدم عاقلی نمی تواند این را قبول کند. "
" پدر چه می خواهی بگوئی؟ "
" می گویم این همه بی توجه نباش. کمی هم حواست را جمع کن حرف پدرم نمی توانست تصادفی باشد. احساس کردم چیزی می داند که نشان نمی دهد. بردن نام قوچک از سوی او باید ریشه ای داشته باشد.
پدرم متوجه شد که نام قوچک فکرم را مشغول کرده است. روزنامه روی میز را برداشت و خود را مشغول کرد.
" عطا جان این روزنامه قدیمی است آن را خوانده ای. بجای آن با پسرمان صحبت کن که بنظرمن برای کمک فکری از ما به تهران آمده است. بگذار چند تا چای بریزم و بیایم بنشینیم کمی حرف بزنیم "
قبل از اینکه مادرم با سینی چای برگردد از پدر پرسیدم:
" پدر چی شده که قوچک یادتان آمد؟ چیزی شنیده ای؟ از من مخفی نکن. هرچه هست به من بگو. "
" نه پسرم ناراحت نشو چیزی نشده. "
مادرم آمده بود.
" عطا چرا مراد باید ناراحت نشود، چی شده؟ ازمن مخفی نکنید "
" مادر، ناراحت نشو. پدر حال قوچک را از من پرسید گفتم هیچ اطلاعی از او ندارم، پرسیدم چطور شد که قوچک یادتان آمد، گفت همین طوری، من هم قانع نشدم "
" عطا این طور بوده ؟ "

" بله "
" خب اگر چیزی می دانی بگوتا مراد حساب کار دستش بیاید. "
" چیزی که خودش نداند نمی دانم. تفاوت در دقت و نگرانی من است یا بی توجهی و بی دقتی مراد. "
" پدر اینکه بیشتر مرا ناراحت کرد. کجا و برای کدامین موضوع بی توجهی و بی دقتی کرده ام که شما می دانید ولی من نمی دانم؟ "
" ببین مراد همسرت همانطور که حتمن خودت می دانی عمیقن هم تو را دوست دارد و هم برایت احترام قائل است و دلش نمی خواهد تو را آزرده کند. "
" پدرم قربانت گردم لطفن حاشیه نرو ، دارم کلافه می شوم، هرچه می دانی به من بگو. "
" اگر بی قراری نکنی و در حرفم ندوی، کاری که در گذشته نمی کردی، داشتم توضیح می دادم. داشتم می گفتم که خانم دکتر بعضی از برداشت هایش را فقط بخاطر اینکه فکر می کند ناراحت می شوی با تو در میان نمی گذارد و چقدر خوب است که به من احترام می گذارد و در جریان قرارم می دهد "
" حالا اگر باز ناراحت نمی شوید بهتر نیست بروید سر اصل مطلب، تا متوجه بشوم که در چه مورد آلتین نمی خواسته مرا ناراحت کند و موضوع را با شما درمیان گذاشته است؟ "
" عطا نکند نامه چند روز پیش از خانم دکتر بوده برای تو؟ "
" بله نامه او بود که آمدن مراد را اطلاع داده بود اما در موردی که دارم صحبت می کنم با من تلفنی حرف زد. و از این یکرنگی و صداقتش که من را امین دانسته قلبن خوشحالم.
مراد جان یکی دو هفته پیش در مهمانی پدر خانم دکتر که همه ی فامیلشان دعوت داشته اند، قوچک هم بوده ولی تو محسوس به او بی اعتنانی کرده ای، درحدی که مادرش بعدن با آلتین صحبت کرده و کلی گلایه داشته است و گویا خود قوچک هم شدیدن ناراحت شده است، و چنین بر خوردی از پسر من خوشایند نبوده است.

این رفتار می رساند که مراد هنوز از او ناراحت است و متاسفانه از سوئی هم زخم در حال ترمیم کامل را، سر کنده است. "
" پدر! میهمانی بزرگی بود که پدر آلتین ترتیب داده بود تا ضمن معرفی من به همه فامیل و دوست و آشنا (البته برای یکبار دیگر و بیشتر برای آن هائی که بهر دلیل در عروسی ما حضور نداشته اند) و نشان بدهد که دخترش خوشبخت و راضی است. این قوچک بود که تمام مدت اخمش در هم بود، حرف نمی زد و بخصوص با من خوش و بش نمی کرد ولی چندین بار با آلتین بگو بخند راه انداخته بود.
بنظرم دانسته داشت روی اعصابم سوهان می کشید. طبیعی است که نمی توانستم با او که راه هم نمی داد بگو بخند داشته باشم. از آلتین تعجب می کنم که از چنان وضعی چنین بر داشتی داشته است. "
" ببین پسرم از نظر من همسرت مهم است که تو را دانسته و با علاقه انتخاب کرده است و به دفعات نشان داده است که دوستت دارد. "
" ولی پدرعزیزم، شما کامل در جریان هستید و می دانید که من آلتین را از دهان گرگ بیرون کشیده ام؟ "
" مراد اگر پایه تصورات این باشد و بخواهی آن را همیشه در فکرت داشته باشی، می شود بار کج و دائم آزارت خواهد داد. بی توجه به قوچک باید زندگی را جلو ببری. در مورد آمدن به تهران و زندگی را به اینجا کشاندن نظر من این است که عجله نکن و بگذار آلتینی که در گنبد متولد شده و همه ی خانواده اش هم در این شهر هستند و پدرش شهر دار این شهر است، به زندگی با تو بیشتر عادت کند، بعدن به فکر آمدن به تهران باش. عجله نکن."
" پسرم بابات درست می گوید. بگذار همسرت بار دار شود و مدتی از ازدواجتان بگذرد بعد در این مورد فکر می کنیم "

" آلتین جان شنیدم که قوچک از بر خورد من در مهمانی بزرگ پدرت دلخور شده است. نمی خواهم ازرفتار او و بی اعتنائی که به

من داشت حرفی بگویم . تو برایم از همه این ها مهمتری. اطمینان دارم که خودت متوجه رفتار او با من شده بودی ولی هرچه تو بگوئی من قبول می کنم. اگر بخواهی با هم به بهانه دیدن زن عمویت به دیدارشان برویم و قوچک را ببینیم، دلم نمی خواهد بخصوص تو از من ناراحت باشی."

" مراد این خصوصیات خوب توست که من را شیفته می کند. ازت ممنونم . از پدرت هم که می رساند تلفن مرا بسیار معقول برداشت کرده و تو ضیح داده است متشکرم. نه عزیزم لازم نیست که ما به دیدارشان برویم اصولن آن ها هستند که بایستی ما را پا گشا کنند. "

ولی با حرکاتی که از قوچک دیده بودم و آنچه در سرش در مورد آلتین نقش بسته بود عذاب می کشیدم، بخصوص که روز به روز زیبائی آلتین چشمگیر تر می شد، و علاقه ای که همواره گسترش می یافت آرامش را از من گرفته بود.

درک و دریافت آلتین ونگاهش به زندگی با من، تنها باریکه اطمینان من بود. ولی قوچک یک دیوانه است. مگر نه روزی که به دیدارش در حومه گنبد رفتم، با نشانه رفتن تفنگ و تامل یک دقیقه ای آن روبروی پیشانی من، نشانه ای از امکان اجرای او را بروز داد ؟ هر چند به شوخی بر گزارش کرد.

بهتر دیدم که بر داشتم را با آلتین که کم کم داشتیم دو رفیق می شدیم در میان بگذارم.

" مراد به راستی تو چنین فکر می کنی؟ حمل بر خود خواهی نشود، این نشانه علاقه فراوان تو به من است. من هم کمتر به تو علاقه ندارم، ولی نمی گذارم که افکاری درهم برهم تسخیرم کند و فکرم را به آشوب بکشد. اگر فکر می کنی که از گنبد رفتن می تواند چاره ساز باشد اشتباه می کنی چون چنین موجودی که تو در ذهنت پرورده ای اجرای نیاتش حتمن تابع مکان نیست. مراد خواهش می کنم چنین خودت را درگیر اوهام نکن. تو برای مدتی محدود صبح ها با من بیا برویم داروخانه تا تمام روز را با هم باشیم. همانطور که می بینی مادر و پدر من فقط من را دارند و

سنی ازشان گذشته و تو را درحد پسر خود دوست دارند. به این ها فکر کن. تو از هر لحاظ علاوه بر شوهر من پسر آن ها هم هستی. باورکن مراد این موضوع را چندین بار به من گفته اند. البته اگر روزی تو به زندگی در تهران اصرار کنی من نه نمی گویم. "
" آلتین، این جوری حرف نزن، این می رساند که من چقدر خوشبختم که تو تا این حد خوبی"
آلتین به واقع زن دانای با درکی بود و این مرا عمیقن ارضا می کرد.

حتمن تصادفی بود، بدون شک نمی توانست با برنامه باشد. ولی خوب نشانگر این بود که فکرش از آلتین تهی نیست.
درست موقعی که خانم دکتر به پادوی داروخانه گفت که ترتیب چای را بدهد:
" اصغر! لطفن ما را به یک چای دم کشیده مهمان کن. می بینی که جناب سروان هم امروز به ما افتخار داده اند "
پا به درون گذاشت.
" دختر عمو من هم از چای بدم نمی آید بگو کمی آبش را زیاد کند. "
برخورد خونسرد و خانمانه آلتین عالی بود:
" چه عجب پسر عمو، چطور شده از این طرف ها آمده ای.
اتفاقن دیروز بود که مراد سراغت را می گرفت. قرار شد در اولین فرصت به دست بوسی عمو بیایم.
منتظریم اسد خان پسرخاله مراد از تهران بیاید تا او را هم که سوار کار ماهری است و قبلن از من قول گرفته که ترتیب دیدارش را با تو بدهم به اتفاق بیائیم. "
هم من هم قوچک و هم اصغر متعجب شده بودیم. آلتین زمام را در اختیار گرفته بود.
قوچک آمد جلو مرا در آغوش گرفت و بسیار گرم احوالپرسی کرد.
" خبر خوب آمدنتان را به پدر مادرم می رسانم. خوشحال می

شوند همانطور که من خوشحال شدم. "
اصغر هم که درسش را روان بود اولین چای را به قوچک داد.
در دفتر کار آلتین نشستیم و شروع کردیم به گپ و گفت تا خانم دکتر چند تا نسخه ای را که آمده بود، بپیچد.

با آلتین که تنها شدیم:
" بابا دست مریزاد، فکر نمی کردم با چنان برخوردی همه مان را کیش و مات کنی. "
خندید و در مورد آن چیزی نگفت.

" مراد کم کم داره یادمان میره که به ماه عسل نرفته ایم. چند شب پیش مادرم یاد آوری کرد. می دانی که هزینه این مسافرت هدیه اوست بخاطر عروسی ما. خودت را آماده کن. برویم به جزایر قناری در اسپانیا. یکبار با پدر ومادرم رفتیم آنجا خیلی خوش گذشت. موافقی؟ "
" چه جور هم. برویم تا کمی هم از جنجال های شهر دور شویم و بتوانیم در محیطی آرام بهتر خودمان را پیدا کنیم. "

" آلتین فقط یکبار دیگر در این مورد صحبت می کنم لطفن نه ناراحت بشو و نه غیر مستقم در موردش صحبت کن.
چند در صد فکر می کنی قوچک هنوز در فکر از دست دادن توست؟ "
" ببین مراد برای تو قوچک و ذهنیتش مهم است یا نظر و ذهن من؟ ...ممکن است خیلی های دیگر هم به من نگاه کنند، حتا نگاه هائی که آزارت بدهد، همانطور که ممکن است خانم هائی تو را چنین نگاه کنند. برای تو باید من، نظر من، روابط من، و عشق من به خودت مهم باشد و نه کسان دیگر. اگر روزی از من در مورد هرکس و از تو در مورد هرکس خطائی سربزند آن وقت باید ناراحت بشویم و در موردش فکر کنیم و حتا در فکر چاره باشیم.
گمان می کنم تو احساس من را نسبت به خودت متوجه شده باشی،

تو می دانی که قوچک همیشه برای من وجود داشته است و من در حضور تو به او گفتم که او را فقط به چشم یک برادر نگاه می کنم و نه بیشتر.
مراد خواهش می کنم برای همیشه این فکر ها را دور بریز و بگذار در جوار هم از زندگی لذت ببریم "
شرمنده شدم. آلتین واقعن درک خوبی دارد و خوب هم صحبت می کند و مسائل را حلاجی می کند.
" آلتین همانطور که گفتم این آخرین بار بود که در این مورد صحبت کردم. چه کنم؟ من تو را خیلی دوست دارم و همه این ها از این عشق نشأت می گیرد...تمام شد. کوشش می کنم برای همیشه ذهنم را از تو هم قوچک پاک کنم البته دل دیوانه اگر بگذارد!!.
حالا کی قرار است برویم ماه عسل؟ تا حال و هوایمان عوض شود. اطمینان دارم کار ساز خوهد بود.
ضمنن همانطور که می دانی یک خانه هدیه پدر و مادر من است منتظرند لب بازکنیم. البته تو لب باز کنی."

بالاخره، همه ی شرایط جور شد و قرار شد که به ماه عسل برویم. شبی که قرار بود صبحش حرکت کنیم، آلتین از هیجان خوابش نمی برد. به او گفتم قرار است که با اتومبیل تو به تهران برویم و راننده تو خواهی بود. اگر نخوابی و درست استراحت نکنی فردا مشکل خواهیم داشت. تاثیر حرف های من بود یا شبی که داشت از نیمه می گذشت، بالا خره خوابمان برد.و صبح بجای کله سحر که برنامه چیده بودیم کمی دیر تر راه افتادیم.
چهار شنبه اواخر فروردین ماه بود.
قرار این بود که پنجشنبه و جمعه را تهران باشیم . شنبه برویم لندن، درفرود گاه هواپیما عوض کنیم و برویم مادرید. دو روزی آنجا باشیم و با خط هوائی اسپانیا برویم به " تنه ریف " که زیبائی خاصی دربین جزایر قناری دارد.

مثل سایر مسافران هرماه عسلی، سرشار از هیجانی شیرین بودیم.

" مراد همانطور که قرار گذاشته ایم عجله ای نداریم. می خواهم از این هوا و این همه مناظر زیبا لذت ببریم. در قهوه خانه های بین راه صبحانه می خوریم ، گشتی در گرگان می زنیم، دوسه دوست زمان دانشجوئی دارم، اگر شد سراغی ازشان می گیرم و..."

" آلتین می دانی ما شنبه صبح پرواز داریم؟ پس وقت کافی است هر جور دلت می خواهد همراهت هستم ، هرجا که دلت خواست توقف کن. مسافرت همین تو راهش خوش است."

" قبل از (علی آباد) می ایستم تا صبحانه بخوریم. شنیده ام که تخم مرغ نیمرو هایش با روغن حیوانی حرف ندارد. موافقی ؟"
" برو بریم "

در گرگان رفت سراغ دارو خانه صحت.
" مثل اینکه از صحت خوشت می آید؟ "
" هم از صحت خوشم می آید، هم، هم نام دارو خانه خودمان است، هم دکتر پرورش صاحبش از هم دوره ای های با حال ماست. و از همه مهمتر خانمش هم یکی دیگر از همکلاسی های دانشگاهیم است."
از اینکه گفت " داروخانه خودمان "خیلی خوشحال شدم. در دل فکر کردم که بتوانم همسر خوبی برایش باشم و محبت هایش را آنطور که دلم می خواهد پاسخ بدهم.

" آلتین بالا خره شوهر کردی؟ "
و با نگاه به من ادامه داد.
" می گفت من امکان ندارد شوهر کنم "
" اینطور نمی گفتم. می گفتم تا مردی را که با تمام وجود دوستش داشته باشم پیدا نکنم ازدواج نمی کنم حتا اگر بی شوهر بمانم "

" حالا چطور شد که این کفتر شانس روی سر آقای شیبانی نشست؟ "
" یک روز آمد داروخانه با لباس نظام، داشت خدمت می کرد. گوشه ای ایستاد، وقتی سرم خلوت شد گفتم:
جناب سرگرد چه فرمایشی دارند؟ خیلی آرام گفت:
جناب سرگرد خودشما هستید ، من ستوانم، و تب دارم داروی تب بر می خواهم.
گفتم نسخه دارید؟ گفت یک نسخه دارم که مربوط به جناب سرهنگ فرمانده است ولی خودم نسخه ندارم، ونسخه فرمانده اش را به من داد. آن را حاضر کردم و تحویلش دادم. و گفتم برای تب خودت هم چون نسخه نداری چند تا آسپیرین داده ام.
گفت می بخشید این آسپیرین شما برای تب عشق هم خوب است؟
گفتم تا چه عشقی باشد. برای نوع آبکیش حتمن خوب است...
بقیه اش بماند.... و رسید به اینجا که گشنه در خدمت شما هستیم "
" آلتین می بخشی حواسم نبود، هنوز آنقدر گرم صحبت می کنی که حواس پرتی می آورد..."
و رو به من
" این همسر سرکار در دانشکده هم، همه را می برد لب آب و تشنه بر می گرداند، یک اعجوبه بود. .. بگذار به رضا وعلی هم زنگ بزنم و به شهره، هرچند ویار دارد. موافق باشید برویم، (ناهار خوران.) "
" گفتی شهره ویار داره؟ مبارک است. محسن حتمن بگو که من هم هستم. خیلی دلم می خواهد ببینمش. "
" آقای شیبانی این آلتین خانم و همسر من دوتائی بهم که می افتادن کلاس را رو سر می گذاشتند بخصوص ساعتی که با استاد شیمی درس داشتیم طفلک کلمه " خاکستری " را یکجور خاصی بیان می کرد و این دونفر روی هرچه پسر بود کم می کردند."
" محسن خاک بر سرت که هنوز همانقدر پر روئی "
" من که تلفظش نکردم "

روز خوب و ناهار خوب و جای بسیار خوبی بود و من توانستم بیشتر با خصوصیات زنم آشنا بشوم و کیف کنم که چه انتخاب خوبی داشته ام.
از گرگان که راه افتادیم معلوم بود به موقع به تهران نمی رسیم. تلفنی دیر رسیدنمان را به پدرم اطلاع دادم.

وقتی رسیدیم خیلی خسته بودیم، من نشون می دادم اما آلتین بخاطر احترام به پدر و مادرم بروز نمی داد ولی مادر دنیا دیده ام متوجه شد و اتاقی را که برایمان آماده کرده بود نشانمان داد.
تا من چمدان ها را به اتاق بردم آلتین مجددن دل پدر و مادرم را تسخیر کرد...از بین راه و دیدار دوستانش در گرگان و توقف های دیگری که داشتیم و برنامه سفرمان برایشان تعریف کرد.
وقتی دوش گرفته به اتاق خواب آمد و با گفتن
" ای تنبل...دوش نگرفته خوابیدی؟ پاشو برو رو مبل بخواب تا بوی عرقت بگذارد بخوابم "
و من خواب آلود رفتم دوش گرفتم و لباسهایم را عوض کردم.
به اتاق که بر گشتم دیدم دارد هزار موش مرده را خواب می بیند.
و بدین ترتیب روز اول مسافرتمان به خوشی پایان گرفت.
صبح، قبل از اینکه آلتین خودش را پیدا کند به مادر زنم که سفارش کرده بود مرتب در جریان سفرمان قرارش بدهم تلفنی صحبت کرده بودم.
پس از صبحانه وقتی آلتین با مادرش تماس گرفت و پوزش خواست که دیر تماس گرفته است. متوجه شد که رو دست خورده است.
" مراد یکی طلب من "

پنجشنبه بود. " اسد " آمد.
" زن دادش خوش آمدی. "
بغلش کرد در هوا چرخاندش و زمین که گذاشتش رو کرد به من:
" مراد چطوری؟ "

" آلتین را بغل می کنی، در هوا می چرخانی و این همه گرم بر خورد می کنی ولی به من که میرسد فقط:
" مراد چطوری ، خشک و خالی؟ "
" مراد اگر نمی دانی بدان که این زن با همه ی وجود همیشه به من احترام گذاشته است. رفتار متینش در بر خورد هائی که با من داشته مرا شیفته خودش کرده است. "
" خواهش میکنم پسر خاله اسد مرا شرمنده نکنید "
آمده ام که امروز و فردا و پس فردا را تا رفتن به فرودگاه در خدمتتان باشم. امر بفرمائید "
" اسد جان خیلی ممنونم. اما کارت چه می شود. ؟ "
" منکه کارمند کسی نیستم. نگران کار من نباش مراد جان "
" اگر مزاحم نیستم و تنهائی تان را بر هم نمی زنم امشب برج میلاد را که حالا پُز شهرمان است رزرو کرده ام. "

شب خوبی بود حضور پدر مادرها ی من و اسد جمعمان را رونق بیشتری داده بود. خاله ام انگشتری را که به آلتین هدیه داد بسیار چشمگیر و گران قیمت بود. بخصوص وقتی که در جواب تشکر آلتین گفت بوسیدن تو برای من از هزار تشکر با ارزش تر است ضمن اینکه قابلی ندارد. و بلبل زبانی های دلنشین آلتین.

من پرواز با خط هوانی " بریتیش ایر ویز " را دوست دارم چون به دفعات که با این خط به انگلیس رفته ام بسیار پرواز های خوبی داشته ام.
از مادر پدرم خواهش کردم که به فرودگاه نیایند:
" همین که اسد دارد شرمنده مان می کند کافی است. "

به آنچه در فرودگاه می دیدم باور نداشتم. دقت کردم دیدم چون آلتین گرم صحبت با اسد است متوجه نشده است. وقتی ایستادم، آلتین و اسد هم متوقف شدند.
" مراد چرا ایستادی؟ دیر می شود."

اسد هم با تعجب گفت
" چیزی شده؟ "
خودم را جمع و جور کردم و با تسلط به خود گفتم :
" اصلن راضی به زحمت او نبودم. "
" مراد جان از چی صحبت می کنی؟ راضی به زحمت کی نبودی
و با مزاح گفت :
" مراد جان من که کاری نکرده ام وظیفه ام را دارم انجام می دهم، می خواستم بیشتر ببینمتان "
آلتین که حالا متوجه شده بود گفت:
" دارد از پسر عمومی من که با دسته گل به بدرقه ما آمده صحبت می کند. راست می گوید. قرار نبود از گنبد بیاید بدرقه ما "
قوچک هم، ما را دید و آمد به سویمان. نزدیک که شد آلتین معرفیش کرد.
" قوچک جان ما را شرمنده کرده ای، واقعن راضی به این همه زحمت نبودیم."
و ضمن معرفی اسد به قوچک آن ها را با هم
آشنا کرد.
" دختر عمو در عروسیت با او آشنا شده بودم."
اسد دست قوچک را فشرد.
" اقای آتابای از دیدار مجدد شما خوشحالم. نمی گویم از آشنائی با شما چون قبلن به دفعات نام شما را شنیده ام و در حقیقت یک نوع آشنائی قبلی دارم. علاوه بر آن در شب عروسی عزیزان از فیض حضورتان بهره برده ام. که البته خودت به آن اشاره کردی."
و آلتین باز استعداش را به کار گرفت.
" در حقیقت قوچک نه پسرعمو که برادر من است و من حتا بیشتر از یک برادر دوستش دارم. او نقش خوبی در ایجاد زمینه برای ازدواج من و مراد داشته است که بخصوص از این بابت از او خیلی ممنونم."
" جناب آتابای من هم سوار کاری را دوست دارم ولی گمان نمی کنم با استادی چون شما در این رابطه قابل مقایسه باشم."

" خوب بود سری به من می زدید تا با تشکیلات اسب دوانی من آشنا می شدید "
خیلی جدی که نه من ونه آلتین متوجه نشدیم:
" می خواستم بیایم ولی از آنجائی که زن داداش آلتین مانع شد موفق نشدم "
" چرا آلتین مخالفت کرد؟ "
" حتمن طاقت شکست پسر عموی سوار کارش را از من ندارد. "
" گمان نمی کنم که بفکر شکست من بوده است. چون جای دیگری شکست بزرگتری را نصیبم کرده است "
و آلتین در جا خوابش را داد:
" من مانع آمدن اسد خان برای مسابقه با تو نشدم. شوخی می کند هرگز بطور جدی داوطلب آمدن نبوده است. البته شاید اگر آمدنش جدی می شد مانع می شدم چون گمانم به شکست او از تو بوده و هست...فقط گمان می کنم.
در مورد شکست بزرگتر هم قبلن برایت توضیح داده ام و هم حالا تکرارش می کنم.
من نمی خواستم با برادرم ازدواج کنم و در انتظار کودکانی ناقص باشم. خوب که فکر کنی آن هم یک بُرد بوده و نه شکست."
و برای اولین بار خیلی خشک ادامه داد:
" راضی به زحمتت نبودم ضمن اینکه ار محبتت صمیمانه تشکر می کنم. اگرعمری بود در باز گشت ترتیب دیداری از تشکیلات مفصل اسب دوانی ات را می دهم "

تازه پرواز کرده بودیم که آلتین گفت:
" ندیدم که از آمدن و دیدن و حرف های قوچک ناراحت بشوی و از من سؤالی بکنی. "
" برای من همانطور که خودت گفتی و درست گفتی " تو " مطرحی و نه قوچک یا هر کس دیگری. من به عشقی که بهم داریم ایمان دارم و اعتراف می کنم که از منش و کنش تو با مسائل مختلف خوشم می آید.

اما برایم این سؤال مطرح است که قوچک چه می خواهد بگوید، البته اگر رفتارش حرفی در خود داشته باشد.
ولی می دانم که فکری، خواستی تصوری یا چیزی در این مایه ها دارد عذابش می دهد.
اگر ازدواج تو با من مشکل اوست بسیار از درک و دریافتش هم متاسفم و هم متعجب. گیریم که من نبودم، ولی با احساس بیان شده تو که او را برادر خود می دانی، و بسته بودن عقد پسر عمو و دختر عمو در آسمان ها را هم به وضوح و با دلیل منطقی رد کرده ای، نمی توانست با تو ازدواج کند، پس مشکلش چیست؟ "
" من هم در باره اش زیاد فکر کرده ام اما به نتیجه ای نرسیده ام دلم برایش می سوزد، دوستش دارم و دلم نمی خواهد در عذاب باشد. فکر می کنم یک جورائی به من عادت کرده است و می خواهد که همیشه در رف رفیع قلبش مثل یک عروسک نشسته باشم. و خب این بار کج است. مراد فکر می کنی چکار باید بکنیم؟ دلم می خواهد بتوانیم کاری برایش بکنیم.
از گنبد تا فرود گاه آمدن کار دشواری است بخصوص که قصد پرواز نداشته باشی. به تو اطمینان می دهم که می داند چه روزی بر می گردیم و در آن روز باز با یک دسته گل خواهد آمد و می دانم که این حق بی تردید تو است که نا راحت بشوی ولی بسیار خوب و حتمن بخاطر من با آن کنار می آئی."
" من هم از وجود چنین رخداد هائی ناراحتم، هر چند همانطور که شاهد بوده ای در نهایت آرامش با آن بر خورد کرده ام."

" باور کن اگر نقل مکان ما به تهران و دوری از پدر و مادرم و رها کردن همه ی وابستگی هایم که برایم آسان نیست می توانست چاره ساز باشد تردید نمی کردم.
مراد، من تو را دوست دارم و از زندگی با تو خوشحالم ولی بیم دارم که رفتار قوچک خسته ات بکند. می گوئی چکار کنم؟ "
در ماندگی چهره اش کلافه ام کرده بود.
" آلتین خواهش می کنم این موضوع را فراموش کن. دوستی من با

تو در عمق وجودم جای دارد و چون درختی بارده ، هر روز گلی و میوه ای تازه می دهد که تمامن ریشه در عشق دارد نگران نباش بگذار سفر خوبی داشته باشیم به تو قول می دهم در باز گشت کاری برای حل این مسئله خواهم کرد.
دوستی برایم تعریف می کرد که:
(با همسر فعلی ام با عشقی عمیق ازدواج کردم. روزی قبل از ازدواج که احساس کردم ممکن است از او یا فامیلش جواب خوبی نگیرم و او را از دست بدهم، بهتر دیدم از شهر او بروم تا دم دست نباشم که زجر بکشم. وقتی سوار بر اتومبیل داشتم به اصطلاح از دروازه شهر می زدم بیرون و از او دور می شدم دیدم اتومبیلم درست پیش نمی رود. عقربه بنزین را نگاه کردم تقریبن پربود، با دست پدال گاز را بر رسی کردم اشکالی نیافتم. و در این فکر بودم که پس اتومبیلم چه اشکالی پیدا کرده است؟
متوجه شدم اشکال در موتور وجود خودم است که مانع رفتنم می شود. سروته کردم و برگشتم، دیدم طفلک اتومبیل اشکالی ندارد این عشق اوست که یارائی را از من گرفته است.)
و حالا اعتراف می کنم که این عشق توست که ایستائی مرا آبیاری می کند..."
" مراد دریافتم مدرک ادبی که گرفته ای بسیار بر حق است. چقدر خوب حرف می زنی، ممنونم که ذهن مرا ساختی "

بیش از یک ساعت از پروازمان نگذشته بود که سرش افتاد روی شانه ام ونفیر ملایم صدایش خواب را گواهی می داد.
کتابی را که قرار بود بخواند باز نشده روی زانوهایش بود. به آرامی برش داشتم. پلک هایم را روی هم گذاشتم و غرق دریای فکر شدم.

".....وقتی برای خدمت سربازی به گنبد کاووس رفتم گمان نمی کردم از فکرهائی که داشتم فاصله بگیرم و با کسی آشنا بشوم که در وجودم جاری شود و تا بیایم خودم را پیدا کنم صاحبخانه ام

بشود.

...سرهنگ رئیس منطقه احضارم کرد:
" جناب سروان لطفن اگر گذارت به داروخانه افتاد این نسخه را هم برای من بگیر."
و مبلغی را از کیفش در آورد و به سویم دراز کرد.
" جناب سرهنگ وقتی گرفتم ومبلغش معلوم شد حساب می کنیم."
به شوخی گفت
" " به فرمانده خود پیشنهاد رشوه می کنی؟
نسخه را گرفتم، پا چسباندم، با سلام نظامی عقب گرد کردم و خارج شدم.
فرمانده را از روز اولی که دیدم ازش خوشم آمد و در یافتم که همراه با درجه اش توقع و خواستش بالا نرفته است و بخاطر قبه های روی شانه هایش انتظار ندارد که همه گماشته اش باشند.
اتفاقن همان روز داشتم برای کاری به حوالی داروخانه می رفتم.
رفتم تو، ولی با دیدم آلتین برق گرفتم. دگرگون شدم. طنین صدایش دلچسب بود. بهتر دیدم برای پیچیدن نسخه عجله نکنم.
احترام گذاشت:
" جناب سرگرد امری داشتید؟ "
" عجله ندارم شما کارتان را بکنید "
خدای من چه زیبائی خیره کننده ای.
نسخه را که به سرهنگ تحویل دادم، خیلی خوشحال شد.
"جناب سروان شیبانی! پنجشنبه شب، به مهمانی مفصلی دعوت دارم. آقای " آتابای " شهر دار گنبد بخاطر تولد خانمش ترتیب داده است . گمان می کنم مهمانی بزرگی باشد همه سرشناسان لشکری و رؤسای ادارات ورئیس آموزش و پرورش و خیلی های دیگر هم به احتمال حضور دارند. اگر علاقمند باشی می توانی مرا به عنوان آجودان مخصوصم همراهی کنی. "
" قربان اگر فکر می کنید اشکالی ندارد خوشحال هم می شوم. "

پس از دیدار در دارو خانه این بار دومی بود که او را می دیدم.
پیراهن سبز یشمی نیمه دکلته ای پوشیده بود و نظارت کامل به مستخدمینی که مسئولیت رسیدن به مهمان ها را داشتند به عهده گرفته بود.
در آن شب اولین باری بود که قوچک را می دیدم.
" این آقا که شنیده ام هم در کار پرورش اسب است و هم خودش سوار کار ماهری است برادر زاده شهر دار است. هم او و هم چند پسر دیگر از جمله پسر رئیس سازمان اطلاعات، پسر خود من ، و پسر رئیس آموزش و پرورش تو نخ این دختر خانم خوشگل هستند. دختر شهر داراست اسمش آلتین است، ولی اصلن جواب نمی دهد."
" جناب سرهنگ! این خانم دکتر ِهمان دارو خانه ای است که نسخه شما را پیچید. درست می فرمائید خیلی خوشگل است. "
ولی همه ی صحبت ها و رخداد در داروخانه را برایش تعریف نکردم و نشان ندادم که خیلی خوب می شناسمش
" پس تو را هم باید در لیست عشاقش بگذارم. اما مواظب باش شنیده ام که دم به تله بده نیست. "
" من چرا جناب سرهنگ ؟ "
" چنان روی خوشگلی اش تکیه کردی که هر کند ذهنی حساب دستش می آید "
آه از نهادم درآمد. درفکر بودم از فرصت بهره بگیرم و دنباله مکالمه داروخانه را با او ادامه بدهم ولی گویا نه تنها آخر خط نبودم، بلکه اصلن توی صف هم نبودم. دلم سخت گرفت، لب به هیچ چیز نمی زدم. مغبون و پکر و ساکت در گوشه ای ایستاده بودم.
سرم را بالا گرفتم که مدعوین متوجه سر حال نبودنم نشوند، دیدم خانم دکتر در یک قدمی ام دارد به سویم می آید با دسپاچگی خودم را روبراه کردم.
" جناب سروان خیلی خوش آمدید خوشحالمان کردید. لطفن با من بیائید تا به مادرم معرفی تان کنم. می دانید که جشن تولدش است.

خوشحال می شود."
باورم نمی شد که مرا بجا بیاورد و چنین گرم برخورد کند.
نه تنها چشم همه ی پسر هائی که سرهنگ بر شمرده بود بلکه سنگینی تعداد زیادتری نگاه با گام هایمان حرکت می کرد. زیبائی وشیکی و بخصوص منش او همه را متوجه کرده بود.

" مادر، ایشان همان جناب سروانی است که در موردش با تو صحبت کردم. "
دستش را بسویم دراز کرد. گرفتم و بوسیدم. همه داشتند نگاه می کردند.
" با شوهرم آقای آیدین آتابای آشنا شوید."
با او هم دست دادم و خودم را معرفی کردم.
" جناب شهردار من مراد شیبانی هستم. با جناب سرهنگ سهرابی کار می کنم "
برایم خیلی جالب بود، خانم دکتر آلتین آتابای در مورد من با مادرش صحبت کرده است. احساس می کردم در فضا ی خاصی هستم. رخدادی بود خارج از ذهن من. پس این همه پسرهای مشتاق کاری در مورد او از پیش نبرده بودند.
و حالا کسی که در هواپیما سر بر شانه من گذاشته و با خیال راحت خوابیده است، خانم دکتر آلتین آتابای است که همسر من است.
چنان پشت سر هم پیش آمد که من گمان می کنم یک شانس بود و یک رخدادی که بنظر می رسد در فصا و مکان خاصی جور شده است. برایم حالت یک خواب یا رویا را داشت.
نه من در فکر ازدواج بودم و نه آلتین، ولی جور شد و هر دوی ما کاملن راضی هستیم.
خانواده آلتین مرا " پسرم " صدا می زنند همانطور که بخصوص مادر من آلتین را " دخترم " می نامد.

" مراد تو گرسنه نیستی؟ "

" بیدار شدی ؟ خوب خوابیدی؟ من برای اینکه بیدار نشوی در حد امکان تکان نخوردم "

از مهماندار خواهش کردم که ساندویچی برای همسرم بیاورد.

" متاسفانه رستوران را بسته ایم چون در تدارک نشستن هستیم "

" ما داریم به ماه عسل می رویم و برای این ماه مهم در زندگی مان خط هوائی شما را و..."

دیدم برای خودم دارم حرف می زنم. گویا او مدتی بود رفته بود. در این فکر بودم که، همراه با سر مهماندار برگشت هم گرم و صمیمانه خوش آمد گفتند و هم دو سانویج با دو لیوان کوچک شامپاین در یک سینی برایمان آوردند واین کارشان برایمان بسیار خاطره ساز و خوشایند بود.

" مراد عجب جائی است اینجا. بوی آفریقا را دارد، قشنگی اسپانیا و احساس ارو پا را...اینجا کجاست؟ "

به شوخی گفتم

" اینجا جزیره تنه ریفِ یکی از جزایر مجمع الجزایر قناری است که به اسپانیا تعلق دارد. "

" بیمزه! باز زدی توی ذوقم. من گفتم که تو درس جغرافیا بدهی؟ داشتم رمانتیک با تو حرف می زدم آقای ادیب...وقتی بخواهی چقدر خوب می توانی مجسمه بی ذوقی بشوی "

" عزیزمی. امید وارم به هر دوی ما خوش بگذرد"

٦

" قوچک مادر چرا مانده ای خانه؟ مگر کار نداری؟ چای برایت بیاورم ؟ "

" پدر کجاست؟ "

" کار داشت رفت گنبد. جیپ تو را برد. گفت تا عصر بر نمی گردد. شاید هم سری به عمویت بزند. کارش داشتی؟ "

" نه، اتفاقن خوب شد که خانه نیست. چای را بیاور و بیا کنارم بنشین می خواهم کمی با تو صحبت کنم "

" خیر باشد."

" نه متاسفانه خیر نیست "

" چرا عزیزم؟ چی شده ؟ چرا می ترسانی مرا ؟ "

" چه چای خوش عطری است؟ "

" دو دانه هل قاطیش کرده ام "

" مادر! کاش می شد هر چیز را که بخواهی بتوانی با یکی دو دانه هل خوش عطر کنی. ولی افسوس!! "

" قوچک عزیزم داری چه می گوئی؟ مگر چه شده؟ چه مشکلی پیش آمده؟ "

" مدتی است روح آرامی ندارم، موضوعی دارد عذابم می دهد. با خودم برای رفع آن خیلی کلنجار رفته ام. این فکر یا این احساس کم حوصله و بیقرارم کرده است. اعتراف می کنم که حریف کنترلش نشده ام.
می دانی که من آدم ضعیفی نیستم ولی بگویم که در برابر این حس یا این خواست یا هر اسم دیگری که برایش بگذاریم دارم ذلیل می شوم. "

" قوچک جان داری با من حرف میزنی یا با خود ت و یا شاید برای خودت. چه داری می گوئی؟ این حس یا این فکر یا هر مطلب و هر موضوع دیگر که باشد در چه موردی است که پهلوان ما را دارد از زین پائین می کشد؟ تو و ذلت آن هم در برابرنه یک

خواست بلکه بخاطر یک فکر و احساس؟
کمی واضحتر بگو تا متوجه بشوم. "
" مادر خجالت می کشم بگویم. نمی توانی قبول کنی که قوچکت برای چه موضوعی چنین درمانده شده،... نمی توانی باورکنی "
" فهمیدم مادر! چنین حالت و یا زبونی و بیچارگی فقط از عوارض یک عشق است. اینکه بد نیست. مگر ابرازش کرده ای و جواب رد گرفته ای که چنین درمانده شده ای؟ "
" درست می گوئی یک جورائی درد عشق است ولی متاسفانه عشقی ممنوعه است. و به همین خاطر بودن و گسترده شدنش دارد از پا درم می آورد "
" عزیزم حالا که مشخص است پای عشق در میان است کمی واضحتر برایم توضیح بده شاید توانستیم راهی برایش پیدا کنیم. "
" همانطور که می دانی ما ترکمن ها اگر سرمان برود زیر قولمان نمی زنیم. من در این مورد قول داده ام و نمی توانم آن را ندیده بگیرم و هرچه درد هست دارم در خود م می ریزم. "
" داری برایم معما طرح می کنی و تنها رهایم کرده ای تا خودم حلش کنم. نه عزیزم من قادر به حل آن نیستم . خواهش می کنم راحت و واضح به من بگوکه جریان چیست "
" مادرم گمان نمی کنم بتوانی کاری بکنی. این دردی است که باید به تنهائی آن را به کول بکشم "
" این ها چیه که می گوئی؟ ...عشق ...درد...حس مخصوص.. روح خسته... از این حرف ها ...مگر تو قوچک قوی و ایستاده بر پای من نیستی. این همه دردماندگی و تسلیم برای چیست؟ داری نا امید و پریشانم می کنی.
پسرم هر قفل نشانه این است که کلیدی هم هست، منتها گاهی دست رسی به آن تلالش و تحمل می خواهد. و شاید کمک فکری.
اگر دلت نمی خواهد با من در موردش صحبت کنی پس چرا گفتی بنشین با تو کاردارم. اگر فکر میکنی خودت می توانی حلش کنی بسیار خوشحال می شوم. دلم نمی خواهد پسرم را تا این حد درمانده ببینم.

شاید مشورت با پدرت بد نباشد، گاه مرد ها زبان هم را بهتر متوجه می شوند.
دست به زانو برپا شو برو به صحرا، دستی به سرو کول اسب هایت بکش، نفسی تازه کن شاید دلت باز بشود. "

" گفتم که فقط خودم می توانم راهی برایش پیدا کنم و پیدا می کنم. به خوبی و بدی اش کار ندارم. تلاش زیاد کرده ام ولی متاسفانه دردی است که در جانم ریشه کرده است. مادر اگر موافق باشی می خواهم بروم خارج و در آنجا خودم را به موضوعی مشغول کنم، اولن موافقی؟ و بعد می توانم روی حمایت تو حساب کنم؟ "
" تو همیشه می توانی روی من حساب کنی. تو تنها فرزندمی و خودت خوب می دانی که چقدر دوستت دارم، اما قوچک جان تو هنوز به من نگفته ای که مشکلت چیست؟ بدانم بهتر است تا کور قدم بر ندارم. "
" مادر خواهش می کنم بیشتر اصرار نکن نمی توانم و یا شاید نمی خواهم که در موردش حرف بزنم. ولی مطمئن باش که بالا خره یک روزی متوجه خواهی شد که مشکلم چیست. "
" حتمن وقتی که خیلی دیر خواهد بود؟ "
" نمی دانم شاید. ولی در تلاشم که راهی بیابم "
" پسرم گفتی می خواهی بروی خارج واین یعنی اینکه موضوعی در اینجا دارد ناراحتت می کند که داری از آن فرار می کنی، می خواهی از محل وقوع آن دور بشوی. "
" همانطور که گفتی دارم می روم سری به اسب هایم بزنم، هوایم عوض شود بهتر است "

" آرکین! قوچک پیش پایت رفت صحرا. نمی دانم چه مشکلی داشت که خیلی ناراحت بود ولی علتش را به من نگفت. می ترسم کار دست خودش بدهد. "
" چرا این همه دیر از خانه رفته بیرون؟ "
" از حرف های تکه تکه اش گمان می کنم که پای عشق در میان

باشد. قبول کرد ولی توضیح نداد من هم هرچه فکر کردم و ذهنم را به اطراف چرخاندم چیزی دستگیرم نشد. از من خواست کنارش بنشینم تا حرف بزند. ولی عملن حرف دندانگیری نگفت جز اینکه شدیدن ناراحت است و حتا گفت عذاب می کشم. "
" می روم سراغش سرو کوشی آب می دهم ببینم چیزی دستگیرم می شود. می دانم که پسرم در برابر ناملایات بسیار مقاوم است. ببین چه شده که قوچک را به عجز واداشته ..."

" درست می گوئی سر حال نبود، مرا رساند اتومبیلش را گرفت و گفت شاید شب نیایم. خواهش کردم که با دقت کامل و با آرامش بیشتر رانندگی کند."
" چرا نیاوردیش خانه تا دوتائی سر درد دلش را باز کنیم "
" خواستم ولی نیامد.
آیدین می گفت فردا آلتین از سفر ماه عسل بر می گردد دو روز تهران خانه پدر مادر شوهرش می مانند و بعد می آیند گنبد. موافقی وقتی آمدند و مستقر شدند، به شام دعوتشان کنیم؟ "
" حتمن، ما زود تر از این ها باید پا گشاشون می کردیم"

" بفرمائید!، خاله ،اسد هستم، فردا برای آوردن مراد و آلتین می روم فرودگاه، می خواهی بیایم سراغ شما با هم برویم؟ "
" حتمن. ممنون هم می شوم "

" مادر جایتان خالی، خیلی خوش گذشت. من واقعن از خلق و خوی مراد خوشحال و راضی ام. چقدر با حوصله و خوش مسافرت است. "
" حتمن عکس و فیلم هم گرفته اید؟ "
" خیلی زیاد "
" آلتین جان تصمیم داریم پدر و مادر و عمو و خانم و پسر عمویت را برای چند روز به تهران دعوت کنیم و به اتفاق آن ها هم عکس ها و فیلم هایتان را ببینیم هم پای صحبتتان باشیم و دوباره فامیلی

دور هم جمع شویم. نظرت چیست؟ "
" اگر بتوانند بیایند پیشهاد بسیار خوبی است. "
" ببینم عروس و مادر شوهر باهم می برید و می دوزید، نه انگار که مرادی هم هست و باید نظر او راهم پرسید. "
" خب مرادخان تو که همه حرف ها وبرنامه هایمان را شنیده ای نظرت چیست؟ "
با خنده:
" موافقم "
برخلاف انتظار آلتین، هم پدر مادر خودش وهم عمویش با خوشحالی پذیرفتند و آمدند جز قوچک که پوزش خواسته بود.
دوروز بسیار دلچسبی بود بیشتر بهم نزدیک شدیم و بیشتر متوجه شدیم که وصلت مورد قبولی انجام شده است.
آلتین چنان در دل مادرم جا باز کرده بود که همچون صاحبخانه رفتار می کرد و این خصوصیتش خوشحال کننده بود.

بخاطر احترام پرسیدم :
" عمو، آقا قوچک چرا نیامد؟ از محضرش همیشه بهره می بریم "
نگاه های آلتین مملو از رضایت بود.
زن عمو پاسخ داد:
" راستش مراد جان نمی دانم چرا این روز ها روبراه نمی بینمش. شادابی همیشه را ندارد. با شوق کمتری به کارش می رسد. هر سال این موقع سال ترتیب مسابقه مفصل اسب دوانی را می داد ولی امسال کمتر به صرافتش است."
" خانم راست می گوید، مدتی است که قوچک قبلی نیست. می گفت دلم می خواهد بروم خارج. "
" عمو جان برای گردش و تفریح یا برای به قول معروف حرفه و فن؟ "
" آلتین جان واضح حرف نمی زند، یک سردرگمی ناجوری دارد. "
پدرم وارد بحث شد:

" آرکین جان، چرا دستی برایش بالا نمی زنید. معمولن در مورد چنین روحیاتی جواب می دهد. "
" چه بگویم؟ بنظر می رسد این خط را رها کرده است. "
من کم و بیش می دانستم چرا. سرم را بطرف آلتین چرخاندم دیدم دارد نگاهم می کند. او هم می دانست چرا. با اشاره حالیم کرد که دنبالش را نگیرم.
قوچک چهار شانه، بلند بالا، ورزشکار، و البته اخمو بود. و همین اخمش به دختران دور و بر اجازه جلو آمدن نمی داد. اهل بگو بخند نبود، وحالتش وضعیت جذب دختری را نداشت.
" آلتین جان این کار توست که برایش کاری بکنی. "
آلتین ماهرانه خودش را کنار کشید:
" زن عمو جان بنظر من بگذارید سری به خارج بزند شاید دختری در آنجا توانست کاری بکند. همیشه به من می گفت نظرت درمورد زن های خارجی چیست؟ لوندی خاصی دارند و برای تیپ هائی مثل قوچک سر ودست می شکنند. "
و همه خندیدند.

در دارو خانه نشسته بودم. آلتین سرش که خلوت شد آمد سراغم:
" مراد فکرش را کرده ام اینطوری نمی شود که من همه اش مشغول داروخانه باشم و تو هم مشغولیاتی نداشته باشی. بعنوان اولین گام نظرم این است که به خانم دکتر رستگار پیشنهاد شراکت بدهم، اگر قبول کرد هر وقت با هم کار می کنیم حقوقی بر نداریم ولی وقتی تکی داروخانه را اداره می کنیم حقوق متعارف بر داریم. بدین ترتیب من وقت دارم که بیشتر با تو باشم و ترتیباتی برای مشغول بودنت بدهیم. خوشبختانه هر دو آنقدر داریم که نیاز به کار مرتب نداشته باشیم. با اینکه فعلن فقط یک فکر است و به اندازه کافی پخته نیست می خواستم نظر تو را بدانم. "
" آلتین جان فکر بسیار خوبی است من هم داشتم فکر می کردم که راهی برای بهتر کردن زندگیمان پیدا کنیم. "
" رویش بیشتر فکر کن تا درفرصت مناسبی بازش کنیم و راه

اجرایش را بیابیم "
" ببینم آلتین چند در صد فکر می کنی خانم دکتر رستگار آمادگی شراکت را داشته باشد؟. اگر قبول کند، واقعن چقدر خوب می شود. می توانیم بیشتر با هم باشیم و من هم از این بلا تکلیفی بیرون می آیم. "
" حقیقت این است که هنوز حتا اشاره ای به خانم دکترنکرده ام ، این فط یک فکر است که می بینم تو هم با آن موافقی. "
" آلتین! خانم دکتر متاهل است؟ "
با خنده:
" می خواهی هوو سرم بیاری ؟ "
" ننر! ...فکر کردم اگر مجرد است برای قوچک جورش کنیم "
" مراد، بگذار یکبار برای همیشه در مورد قوچک از دیدگاه خودم ذهنت را روشن کنم.
آقا قوچک هنوز در فکر من است. هنوز به من و بودن با من فکر می کند. و این میرساند که سالم فکر نمی کند. تو برای خدمت نظام به این شهر آمدی، در حالیکه قبل از آمدن تو، هم من بودم و هم قوچک. به دفعات همینطور که حالا هم می گویم، گفته ام که تو برادر من هستی و حس من نسبت به او جز برادر و خواهری نیست. و به هنگام نشست در خانه مادرش که نظر نهائی من را خواستید به وضوح گفتم که علاقه ای به ازدواج با او را ندارم، و اضافه کردم که عقد پسر عمو و دختر عمو در آسمان ها بسته شده است یک حرف بی ربط است و حتا اشکال پزشکی آن را نیز یاد آور شدم . او هم صد در صد موافقت کرد. حالا چرا هنوز در فکر های باطل است، جز نا راحت کردن خودش حاصلی ندارد. او دید و متوجه شد که ازدواج من و تو بر پایه علاقه و عشق بوده است. بهمین علت برای من وضع و فکر و تصمیم و تصور قوچک پشیزی ارزش ندارد. امید وارم عزیزم تو هم خوب متوجه شده باشی. مقداری هم فکر شراکت با خانم دکتر آرال رستگار از همین احساس و فکر نشئت می گیرد."
" همه ی آنچه را در مورد قوچک گفتی من هم می دانستم. و اگر

در مورد خانم دکتر رستگار پرسیدم بدین سبب بود که چنانچه مجرد است یک جورائی سر راه قوچک قرارش بدهیم. "
" نه عزیزم متاهل است، و جمعه آینده هم ما را شام دعوت کرده اند "

داشتیم شام می خوردیم. آلتین نظرش را در مورد شراکت با خانم دکتر آرال رستگاردر حضور پدر و مادرش مطرح کرد.
پدرش که اصولن کم حرف است فقط در یک کلمه گفت:
" چرا ؟ "
اصلن فکر نمی کردم جواب آلتین این باشد:
" البته این فقط یک خواست مطرح نشده است. نظرم این است که دارو خانه ای در تهران ترتیب بدهم آن هم با شراکت خانم دکتر رستگار.قبول می کند یا نه نمی دانم. "
" دخترم تو تا این حد رویائی نبودی که به قول معروف گز نکرده پاره کنی. تو هنوز نمی دانی که پیشنهاد شراکت در گنبد را قبول می کند، شراکتی در تهران را هم به آن افزوده ای؟ تازه در صورت اجرا می خواهی هم تهران زندگی کنی هم در گنبد؟ که در اینصورت می شود زندگی پا در هوا. قبول دارم که آقای شیبانی تکلیف مشخصی ندارد، چون هم بیکاری ناراحتش کرده است هم بنظر می رسد هنوز بنیان خانه زندگیش را معلوم و استوار نکرده است."
" پدر نظر شما چیست؟ چون نمی شود هم تمام وقت اسیر داروخانه گنبد بود هم شوهر داری کرد. زمان کار در داروخانه معمولن دوازده ساعت است، دراینصورت وقت زندگی مشترک را ندارم. و خسته هم می شوم.
" در رابطه با داروخانه گنبد برنامه ات را با خانم دکتر رستگاردر میان بگذار پاسخ او بیشتر مشخص می کند که برنامه تهرانتان در چه روالی باشد. برای تهران هم بنظر من اول ترتیب خانه و زندگی مستقلی را بدهید تا جا و مکانتان در آنجا معلوم باشد "

" آلتین جان، برای من نیز موضوع پیچیده است. باید رویش فکر کنم تا ببینم چه راه درستی می یابم. در این که من نمی توانم از تو دور باشم حرفی نیست چون خودم را و احساسم را خوب می شناسم. در گنبد هم برای من کاری نیست...ولی نگران نباش من حتمن راه درستی پیدا خواهم کرد . "

آلتین با حالت بی حوصله برخاست. نگاهم سرتا پایش را کاوید. خوش اندام و مثل همیشه بسیار خوش پوش بود. اعتراف می کنم که زیبائیش مرا تسلیم او کرده است و با اینکه گمان می کنم آن را خوب می داند، ندیده ام که از آن برای به بند کشیدنم بهره بگیرد. زنی است فهیم و مهمتر از همه رفیق.

" کجا آلتین جان؟ "

" مراد جان تلفن دارد فریاد می زند. مشغول گفتگو بودیم کسی متوجه نشد. می خواهم ببینم کی بوده "

" گمان می کنم از خانه عمویت باشد. صبح زنگ زدم نبودند پیغام گذاشتم. همین حالا تماس می گیرم "

" آلتین جان زن عمویت بود، و بسیار نگران که مدتی است از قوچک خبر ندارد و خواسته که فردا به دیدارم بیاید. قبلن گفته بود که وضع روحی درستی ندارد و گفته که می خواهد به خارج برود. گاه کارهای قوچک مثل نو جوان های خام است. "

" چرا در مورد قوچک به دیدار تو مادر جان؟ آن هم وسیله زن عمو، اگر قرار است بشود کاری کرد یا حتا در موردش مشورت شود صحبت با بابا آنهم توسط عمو بیشتر می تواند نتیجه بدهد. البته این نظر من است. "

" اگر گذاشته رفته خارج و این را می دانند، دیگرچه مشورتی آلتین جان؟ "

آقای آتابای که تا حالا ساکت بود گفت:

" بگذار خانم برادرم بیاید و با مادرت صحبت کند تا کم و کیفی دستگیرمان بشود بعد فکر کنیم که اصولن می شود کاری کرد و از کجا شروع کنیم. و آیا اساسن علاقه دارند که ما عملن وارد

جریان بشویم؟ "
من همیشه از نظریات بابای آلتین خوشم می آید پخنگی خاصی دارد.

در نهایت معلوم شد که آقا قوچک به تر کیه رفته و نیاز به پول بیشتر دارد، و فهمیدیم که در حقیقت خودش هم نمی داند چه بر نامه ای دارد، ولی شنیدم که پدرش ضمن ارسال پول گفته که در هتل نماند و جای دیگری پیدا کند.

اما من می دانم که قوچک دردش چیست و دیگر نمی خواهم در موردش حتا اشاره ای با آلتین داشته باشم چون قبلن بسیار روشن نظرش را در مورد قوچک داده است و بر پایه آن آلتین هم احتمالن پریشانی او را می داند. من اعتقاد دارم که هرچه زود تر آلتین را از پر چک حضور او و نگاه هایش بنحوی دور کنم. اعتراف می کنم که دلم نمی خواهد آلتین در ذهن و روان او حضور داشته باشد.

حسودیم می شود. بر همین پایه، خصوصی با مادر آلتین صحبت کردم.

" ببین مراد جان، اینطور نیست که من چیزی نمی دانم ولی دلم نمی خواهد واضح در مورد آن صحبت کنم. هم آلتین و پدرش نگران و ناراحت می شوند و هم دخترم سر زبان می افتد. بهترین راه، آرام و بی سرو صدا اقدام کردن است. اگر خانم دکتر رستگار موافقت کند و آلتین خیالش راحت شود رفتن سفری به اتفاق به جائی در این دنیا و در مراجعت مدتی را در تهران در خانه شما اطراق انداختن می تواند خوب باشد. با آتابای صحبت می کنم که پس از مراجعت شما، ما به دیدارتا بیائیم. آلتین هم اگر بخواهد می تواند هم از خارج و هم از تهران در مورد وضع داروخانه با خانم دکتر در تماس باشد. "

بسیار پسندیدم و در موردش بدون ذکر هدف اصلی و نام بردن از قوچک با آلتین صحبت کردم.

وقتی پس از توضیح کامل ، گفتم موافقی؟ خوشحال شدی؟

گفت:
" پس از دریافت نظر موافق آرال موافقت و خوشحالیم معلوم می شود "
" آلتینم! تو چقدر به فکرت فشار می آوری که چنین جواب های پیچیده ای بدهی؟ "
" چرا دلخور می شوی؟ "
" نه، ابدن دلخور نشدم. اتفاقن کاملن با نظرت موافقم "

گمان من بر این است که قوچک از قولی که داده است پشیمان شده و هنوز سخت در فکر دختری است که بسیار واضح به او گفته است که در نهایت تو را برادر خودم می دانم و طبیعی است که نه می خواهم و نه می شود که با برادرم ازدواج کنم. و او بجای اینکه در فکر زندگی مستقل خود باشد و مثلن دختری را برای ازدواج بر گزیند که مشکلی نداشته باشد لمپن وار در فکر های اشتباه است و سبب آزار خود و دلمشغولی " حد اقل " برای من و کم و بیش برای همه ی فامیل شده است.
برای کاستن از این هیجان بی منطق پیشنهاد مادر زنم می تواند بهترین باشد. امید وارم که خانم دکتر رستگار پیشنهاد آلتین را قبول کند.
دراین فکرها ودل مشغولی ها بودم که خبررسید درماه آیند " اسد " پسر خاله ام با دختر مورد علاقه اش ازدواج خواهد کرد و گویا در تدارک عروسی مفصلی است. همه را هم دعوت کرده است، حتا قوچک و پدر ومادرش را.
" آلتین جان نظرت چیست؟ "
" در چه مورد؟ "
" دعوت از قوچک برای عروسی. ریش و قیچی دعوت ها را هم داده است دست تو "
" همانکاری را می کنم که باید انجام بدهم. به عمو و زن عمویم اطلاع می دهم و می گویم که قوچک هم دعوت شده است "
" آفرین، توپ را می اندازی در زمین آن ها. ضمن اینکه گمان

نمی کنم قوچک بیاید، اما از نظر احترام بایستی خبر داشته باشند"
" مهم اینه که اسد خان در مورد دعوت از این طرفی ها از من خواسته است "

بهترین بهانه برای باز گشت بود. قوچک آمد. با اسد تماس گرفتم:
" اسد جان ما، یعنی من و آلتین و پدر مادرش می رویم خانه ما، نظرت برای مکان قوچک و پدرمادرش چیست؟ "
" هم می توانم در خانه خودمان ترتیبی برای آن ها بدهم و هم می توانم برایشان هتل بگیرم. نظر تو چیست؟ "
" ببینم نظر آلتین چیست خبرت می کنم. "
" مراد بنظر من خانه اسد برای اینکه بهتر بتواند ما را درجریان بگذارد مناسب تر است."
" آلتین جان اسد که چیزی در مورد قوچک نمی داند. "
" مگر در مورد قوچک " چیزی " هست؟ "
" چرا اینجور در مورد من فکر می کنی؟ "
خنده نیمه بلندش آرامم کرد.
بر خلاف آنچه فکر می کردیم، قوچک نه تنها حرکت و عمل و حرفی نزد، بلکه بسیار هم متفکر و آرام بنظر می رسید.
فقط یکبار به آلتین گفت:
" دختر عمو، کی منتظر کوچولو باشیم؟ "
" قوچک جان، حالا زود است، اگر خبری شد متوجه می شوی"
و فوچک زیر لب گفت:
" پس بار دار نیستی! "
بجای میدان داری اسد در شب عروسی ما، آلتین میکروفن را به دست گرفت:
" خانم ها و آقایانی که با تشریف فرمائی خود خوشحالمان کردید، امشب همانطوری که می دانید عروسی اسد عزیز است که من او را برادر خود می دانم. و خوشحالم که قوجک برادر دیگرم نیز حضور دارد. اگر موافق باشید با آهنگ کوتاه و آرامی که نواخته خواهد شد برایتان می رقصم و آن را که نمی دانم چه از آب در

می آید به عروس و داماد تقدیم می کنم. "
بهتم زده بود، آلتین می خواهد برقصد؟!...پس چرا تا حالا رو نکرده بود؟ و بلند گفتم:
" باور کنید من هم ندیده بودم."
و این تعجب را در چهره همه ی خانواده هم دیدم.

و آهنگ شروع شد... من منتظر بودم چیزی در روال رِ نگ های ترقصی باشد که نبود. آهنگ ملایمی همچون نسیمی که از روی دریا بیاید، حضار را ساکت کرد و آلتین با دکلته مشکی ای که پوشیده بود، همراه با این نسیم وزیدن گرفت. چرخ هائی که می زد و لب هائی که تکان میداد و بنظر می رسید با آهنگ می خواند، و موهائی که با هر چرخش من بیننده را محو تماشا می کرد و همآنگی خیره کننده ای با ترنم آهنگ داشت و می رساند که بار ها تمرین را در خود دارد همراه نوری که ملایم شده بود، جانم را آتش می زد.
وقتی دیدم اسد اورا روی دست در هوا می چرخاند و غرق بوسه اش کرده است، فهمیدم که رقص تمام شده است و کف زدن های ممتد مدعوین حکایت از رضایت کامل آن ها را داشت.
و قوچک با دوقطره اشک او را که بسوی من می آمد، بدرقه کرد.
عجب صحنه ای بود.
و اسد در میکروفن گفت:
" از این هدیه بهتر امکان نداشت. و گفت من و(نوا) نیز رقصمان را به او تقدیم می کنیم. "
چه شب دل انگیزی بود.

۷

قبولِ خانم دکتر آرال رستگارخیلی خوشحالمان کرد.
یک شب بعد از عروسی اسد، وقتی که خانم دکتر و همسرش را به یکی از شیک ترین رستوران ها دعوت کردیم، قبولی خود را به ما اطلاع دادند. و قرار شد که در مراجعت به گنبد در مورد شرایط، صحبت و کتبی شود.
به خانم آتابای گفتم در راه نظر شما اولین گام برداشته شد و امیدواریم آغاز خوبی باشد و گفتم که در اولین فرصت برای مدتی به خارج می رویم

" پیشنهاد مادرت که من هم با آن موافقم، برای مدتی از گنبد دور بودن است. دور بودن منطقی، مثلن رفتن به مسافرت تفریحی. و حالا که خانم دکتر آرال شریک و نگهدارنده داروخانه شده است، می تواند بهترین فرصت باشد. "
" مراد جان! بنظر من باید مدتی را با خانم دکتر در داروخانه با هم کار بکنیم تا جا بیفتد.
پیشنهاد می کنم، تو بروی تهران و خرید داروخانه را بر رسی کنی، و تهیه مسکنی که اگر رفتیم تهران جای مستقل داشته باشیم.
من هم حد اکثر تا دوهفته دیگر می آیم تا به اتفاق برویم مسافرتی که در رویای من است."

روز اولی که مراد رفت تهران و من و آرال در داروخانه بودیم قوچک آمد:
" دختر عمو تبریک می گویم، حالا دوتائی کمتر خسته می شوی.

رد می شدم، گفتم، شاید چای داغ دم کشیده ای داشته باشید. "
دکتر آرال قبل از من گفت:
" پسر عمو خوش آمدید، اتفاقن چای تازه دم داریم. بریزم

برایتان؟ "
" ممنون می شوم...آلتین جان، جای مراد خالی نباشد این همه اطلاع را از کجا و به فوریت کسب می کند؟ "

شب تلفنی جریان را با مراد در میان گذاشتم:
" وای مراد جان، قوچک چه عوض شده بود. یادت هست معقول برای خودش بر و روئی داشت و یال و کوپالی، حالا چه خپله ی چاق ورم کرده ای شده بود.
روم نشد بگویم کمی ورزش کند شاید جواب بدهد.
صدایش خشدار،خنده ه هایش سطحی و اجباری و چهره اش در هم ریخته بود.
قوچک بگو بخند سابق نبود. تنها تکه ای که انداخت ودلنشین هم بیانش نکرد این بود که:
(دختر عمو اگر روزی روزگاری منهم عروسی داشتم، رقص عروسی اسد را برایم تکرار می کنی؟)
کاش به واقع دلش جائی بند می شد. امروز آرال می گفت، بنظر می رسد که خیلی برایت احترام قائل است. احساس می کنم که برایش دختر عموی دوستداشتنی هستی، و من مراد ازاین نوع احساس دیگران خوشم نمی آید، شاید مسافرتی را که قرار است برویم کاری از پیش ببرد... دارم از دستش خسته می شوم.
ضمن اینکه نمی خواهم رک، روبه رویش به ایستم."
" ناراحت نباش. بالاخره یک روزی حل می شود. بخصوص که متوجه شده است که با رضایت تو روبرو نیست.
آلتین جان، از مسافرت هم که بر گشتیم مدتی را تهران می مانیم هم برای جا و مکان خودمان همکاری می کنی، هم شاید قوچک عقلش سر جاش آمد و برای آینده اش برنامه ای چید "

" مراد! مثل اینکه سالهاست رفته ای، دلم برایت تنگ شده. وقتی در داروخانه سرم پائین است همه اش فکر می کنم بالا که نگاه کنم تو در آستانه در ایستاده ای. بد جوری به بودن با تو عادت

کرده ام وقتی نیستی چه احساس تنهائی ناجوری دارم. دیشب پدرم می گفت چرا اینقدر خسته بنظر می آئی، که یقینن از کار نیست چرا که حالا خانم دکتر آرال هم با تو همکاری دارد؟ بهانه ای آوردم که متوجه شدم باور نکرد. بعد آهسته در گوش مادرم حرفی گفت که جواب مادرم متوجه ام کرد که چه گفته است. "
" نه مطمئنم که خبری نیست "
" حالا واقعن خبری نیست؟ "
"به قول خودت، ننر هم که میشوی با مزه ای "

" کار هایت را ردیف کن و هرچه زود تر از گنبد و دیدارهای گه گاه قوچک فاصله بگیر، تا مدتی را از اینجا دور باشیم،... شاید خبری! شد "
با بدرقه ای از خنده...

" من فکر می کنم با همه ی قدی که کشیده ام و به قول معروف با همه ی ریش و پشمی که درآورده ام هنوز دردانه ی شما هستم . این را نمی گویم که خودم را لوس کرده باشم بلکه می خواهم با دقت به حرف هایم توجه کنید و بر پایه تجربه خود بگوئید چکار کنم. "
" قوچک جان قبل از اینکه وارد اصل مطلب بشوی به من بگو: تو که کمتر یاد دارم برای حل مشکلاتت به ما مراجعه کرده باشی، حالا چی شده که به ما متوسل شده ای؟ و بگو که تا چه حد با صداقت مشکلت را بیان خواهی کرد ؟ "
" پدر جان در صحبت های اولیه ام جواب هر دو سوالتان را داده ام. یکبار دیگر می گویم در مورد موضوعی که مطرح می کنم راههای بسیاری در ذهنم تردد دارند ولی هنوز هیچکدام جا باز نکرده اند. نمی خواهم اشتباه بکنم و پشیمان بشوم. "
" مادرجان، زود تر بگو ببینیم چه موضوعی است که چنین درمانده ات کرده است. "
" ببین پدر، شما بزرگ خانواده آتابای هستی و شاهد بوده ام که

روی حرفت، حرف نزده اند. دلم می خواهد عصای موسایت را برایم به نیل بزنی و برهانیم "

" چایت سرد نشود پسرم
" در حقیقت به ترکیه هم که رفتم نوعی فرار بود، ولی کمترین کمکی نکرد
یادتان می آید که به اتفاق مادر برای خواستگاری آلتین به خانه عمو رفتیم؟ ولی از دختر عمو جواب سر بالا گرفتیم. حتمن از ماجرا های بعد از آن هم کاملن آگاه هستید.
من از بچگی با آلتین بزرگ شده ام و از همان موقع او را دوست می داشتم.
گمانم بر این است که اگر مراد برای گذراندن دوره نظام به گنبد نیامده بود آلتین حالا زن من بود.
آمد و آلتین را پای بند خودش کرد و او هم برای دست رد به سینه من زدن آن مزخرمات را سر هم کرد.
در نشستی که در حضور مادر با آلتین و مراد داشتیم حتا یک درصد باور نمی کردم که مراد انتخاب شود و آلتین از دست من به پرد و بشود زن آن مرتیکه اجنبی.
دریافته ام که بدون آلتین نمی توانم نفس بکشم. نه خواب دارم و نه همانطور که دیده اید، خوراک.
می گوئید چکار کنم؟ "

" قوچکم می دانی که داری در مورد زن مرد دیگری حرف می زنی؟ ومتوجه هستی که چقدر هم بهم علاقمند هستند؟
تو که در نشست خواستگاری که خودت به آن اشاره کردی شنیدی که آلتین چه جوابی به همه ما داد چرا فکر کردی که در نشست با حضور مادرت آلتین تو را انتخاب می کند؟
اصولن با کدام ذهنیت حاضر شدی همراه با مرادی که آلتین نشان داده بود دوستش دارد به سوال و جواب بنشینی؟
عزیزم نه تنها حالا دیگر خیلی دیر شده بلکه هیچ معلوم هم نیست که در غیر اینصورت آلتین زن تو می شد.

انتظار داری که من اگر عصائی هم داشتم آن را بجای نیل به یک رود پر از لجن بزنم؟
از تو می پرسم، اگر به فرض محال آلتین از مراد جدا بشود تو پسر من، قوچک دلیر و یگانه حاضری چنین کاسه پس مانده ای را لیس بزنی؟
از خر شیطان پیاده شو و آن ها را چون دو دوست خانوادگی پذیرا شو و دوستشان بدار. من چنین انتظاری از مردانگی تو دارم. "
" از هر دوی شما متشکرم که به حرف هایم توجه کردید و ممنموم از اظهار نظر و راهنمائی تان "
" پسرم می دانی که نام اصلی تو در شناسنامه " آدلان " است؟ مادرت نمی دانم چرا از حدود چهار سالگی تو را قوچک صدا کرد. واز آن پس همه تو را به این نام می شناسند. و من بهر تعبیر آن را دلیل شخصیت مقاوم تو می دانم "

درست می گویند هر کس برای مسائل و مشکلاتی که دارد در نهایت خودش باید تصمیم بگیرد. من آنچه را با پدر و مادرم مطرح کردم برای دریافت راه نجاتی بود و نه مشتی سر زنش و نصیحت، بی نشان دادن حتا کوره راهی.
از یک طرف قوچکی هستم بزرگ و مرد و از طرفی مثل یک بچه با من حرف می زنند. برای سر زنش کردن و ایراد گرفتن در همه حال و همه جا آماده اند ولی به درد و مشکل آدم حتا درست توجه نمی کنند. و آنگاه که خودت بهر دلیل کاری را برای حل آن انجام دادی زبان چون شلاقشان را به کار می اندازند.
من بطور واضح، از اینکه آلتین را از دست داده ام دارم زجر می کشم، و نمی توانم ببینم که او همبازی دوران کودکیم و دوست و سنگ صبور جوانی ام مرا به جرم اینکه کودکیم را با او بوده ام و در بسیاری مواقع چه در کودکی و چه در جوانی و دانشجوئی سینه ام سپرش بوده است ندیده بگیرد. هزاران هزار دخترعمو پسرعمو بوده اند که با هم ازدواج کرده اند و هیچ اشکالی پیش

نیامده ولی او چه ظالمانه و در کمال بی توجهی و بی رحمی مرا به بیگانه ای که از بد حادثه به سر زمین ما آمده بود ترجیح داد و مرا باهمه ی خواست و حسرتم رها کرد. نه، نمی توانم تحمل کنم.
روزی که موافقت کردم موضوع را به نظر و رای و خواست او واگذار کنم اطمینان داشتم که مرا انتخاب می کند. چه موقعیت خوبی هم پیش آمده بود، مراد قبول کرده بود که اگر آلتین مرا انتخاب کند در اسرع وقت از گنبد برود و پشت سرش را هم نگاه نکند ...فرصتی طلائی بود و او چه ساده زیر پا گذاشتش.
اگر مرادی از بد حادثه به گنبد نیامده بود بی تردید آلتین مال من بود. این درد بزرگی است برای من که چاره اش از میان برداشته شدن من است و این تنها راهی است که من را راحت میکند. تمام سلول هایم او را، آلتین را فریاد می زنند.
به طبیب و دارو نیز روی آوردم دست به دامان روانپزشک شدم ولی تاثیر نکرد.
به پدر و مادرم هم روی آوردم که دیدید کاری از پیش نبردند.
من همه ی این ها را، تمامی دردی را که دارم می کشم در دفتری نوشته ام و هر روز همه آنچه را که قبلن نوشته ام می خوانم، و بر آن نیزمی افزایم تا شاید مفری باز شود ولی بی ثمر، و آن ها هر روز بگو بختندشان بیشتر می شود و بهم نزدیکتر می شوند.
فکر می کردم زمان، بخصوص که از یک نژاد هم نیستند سردی می آورد ولی می بینم که دارد برعکس می شود.
نمی دانم چکار کنم.

" خانم دکتر آتابای حضور دارد؟ "
" جناب عالی؟ "
" من عمویش هستم."
" جناب آتابای من رستگار همکارایشان هستم خانم دکتر دیروز رفتند تهران. کاری از دست من ساخته است بفرمائید در خدمتم. "
" پس داروخانه را شما اداره می کنید؟ "

" بله با اجازه شما "
" کی بر می گردد؟ "
" درست نمی دانم ولی گویا با همسرشان به مسافرت خارج می روند. "
" متشکرم خانم رستگار"

" آلتین جانم عمویت تلفن کرد سراغت را گرفت گفتم رفته ای تهران و گویا می روی خارج "
" نگفت چکار دارد.؟ عمویم هیچوقت به داروخانه زنگ هم نمی زند. حتمن کار مهمی دارد. ممنون از اطلاعت خودم با او تماس می گیرم"
" عمو جان، آلتین هستم. خانم دکتر رستگار گفت با من کار داشتید. انشالله خیر است "
" نه، کار مهمی ندارم می خواستم اگر فرصت داری ببینمت. باشد برای وقتی بر گشتی. شنیدم که عازم خارج هستی. به سلامتی کجا می روی؟ "
" هنوز معلوم نیست، قرار است با مراد مشورت کنیم.
چشم در مرا جعت حتمن اطلاع می دهم و می آیم برای دست بوسی شما. "
" عزیزمی. امیدوارم بهتان خوش بگذرد "

۸

" آلتین خیلی دلم می خواهد تاج محل را ببینم. اگر موافق باشی از آنجا شروع کنیم. فکر می کنم نه تنها در آن محوطه که در تمام (آکرا) بوی عشق در پرواز است و من این بو را دوست دارم "
" فقط بوی عشق نیست، بوی وفاداری و رفاقت نیز درآنجا موج می زند. بله عزیزم کاملن موافقم. برویم تا نگاهی گذرا به این شبه قاره که بنظر من جمع اضداد است بیاندازیم "
" جمع اضداد است؟ چرا؟ "
" همانطور که می دانی در این کشوری که حدود یک ششم جمعیت دنیا را دارد هم مهاراجه ها هستند با زندگی های افسانه ای، هم انسان هائی که در پیاده رو ها متولد می شوند، به اصطلاح زندگی می کنند و در همان پیاده رو ها نیز میمیرند.
هم گاندی و نهرو و ایندرا را داشته اند و هم آدم هائی را که نمی دانند در کجای جهان قرار دارند..."
" ببینم آلتین ، دخترترکمنی متولد گنبد کاووس، چگونه است که به دانشگاه می رود دکتر داروساز می شود و چنین اطلات گسترده ای هم تقریبن در همه ی زمینه ها دارد؟...تو کی هستی ؟ علاوه بر این ها زیبائی چشمگیری هم داری...تو واقعی هستی؟ یا من بر بال رویا تو را برای خودم ساخته ام؟ و یا شاید در خواب است همه ی آنچه را که با تو داشته ام. "
" مرا آورد ه ای اینجا که برایم خطابه بخوانی؟ مراد جان بگذار راحت زنگیمان را داشته باشیم. این حرف ها و تصورات چیست سر هم می کنی؟ گیریم چنین هم باشد که تو تصور می کنی، فعلن که در عالم واقع دست در دست هم داریم. کاری نکن که فکر کنم روان پریشی داری. "
و خنده را سر داد.
به اکرا و تاج محل و بسیاری از جاهای دیگر رفتیم و خوشبختانه تلفن هایش به دارو خانه نیز همیشه برایش آرامش می آورد. واقعن

باید از خانم دکتر آرال ممنون باشم.

" آلتین اگر قوچک به نوعی آرامش می یافت همانطور که تو به دفعات یاد آور شده ای برای خودمان زندگی آرامی می داشتیم. اگر تو به کمک خانم دکتر رستکار ترتیبی می دادید که دختر مطلوبی سر راهش قرار بگیرد شاید کار ساز می شد. عشق خبر نمی کند ناگهان حتا در یک برخورد، شکوفا می شود و تا بخواهی بجنبی ریشه می دواند، همانگونه که برای ما اتفاق افتاد، هرچه باشد قوچک هم یک جوان آماده است. رویش فکر کن اگر صلاح می دانی دست به کار بشو. "

" مگر نمی گوئی مال ما هم واقعی نیست و فقط یک خواب و خیال است، من چگونه می توانم برای او یک خواب و خیال درست کنم؟ تازه در این صورت قوچک بیچاره هم یک گوشه ای در این خواب برای خودش می پلکد. چرا خوابت را آشفته می کنی؟ "

" آلتین جان من از دست تو چکار کنم؟ دنباله هر چیز را چنان می گیری و شاخ و برگ می دهی که آدم گیج می شود. "

" ببینم مراد عزیزم این دل بهم خوردگی و حالت تهوعی که دارم، دارد در خواب اتفاق می افتد؟ "

" من توجه نکرده بودم، می بخشی. فقط دیدم یکبار رفتی دستشوئی، در مورد حالت تهوعت هم چیزی نگفته بودی. چه خبر خوبی دادی دارم پدر می شوم؟ "

" چند درصد فکر می کنی فقط یک وَهم است؟ "

" آلتین خانم گُل، یک چیزی گفتم،... ضمنن فردا پدر مادرت می آیند تهران، شبش می خواهم پس از شام، اول عکس های مسافرتمان را نشان بدهم و بعد فیلم ها را. دارم می روم چیز هائی را که مادر سفارش کرده تهیه کنم، و گفته که حتمن برای تو شیرینی که دوست داری بخرم، دستور چیست؟ "

" شیرینی؟ از کجا می دانی که هوس شیرینی دارم؟ "

" تنها هوس نیست ویار هم هست این را پسرمان گفت "

" باز دیوانه شدی؟ پسرمان دیگه کیه؟ "

۹۵

" از مادرم بپرس "
" خانم شیبانی آنقدر دارد به من محبت می کند و بهر تکانم نظارت دارد که رویم نمی شود چیزی از او بپرسم. خودت بگو چرا از او بپرسم "
" مادرم می گوید وقتی کسی بار دار است و ویارش بیشتر چیز های شیرین است، معمولن دلیلش این است که بچه پسر است."
" چه حرف ها، من نمی دانم به سلیقه خودت هرچه خواستی بخر. "

" مادر نمی دانم چرا همراه با خوشحالی که از باردار شدن آلتین دارم، احساس دلهره هم دارم. یک نوع ترس. فکر می کنم زود بود "
" مراد چه می گوئی ؟ ما همه از خوشحالی سر از پا نمی شناسیم. همسرت هم با تمام وجود خوشحال و راضی است.
به من گفت اگر اینطور باشد که می گوئید و من مراد دیگری در راه دارم زن خوش شانسی هستم. مبادا که در مورد این احساست چیزی به او بگوئی. "
" کدام احساس مادر؟ "
" همین چرت و پرت هائی که درمورد ترس و دلهره و زود بود، که به من گفتی. من اصلن نمی دانم چرا این احساس را داری. مگر تو همان مراد بر خود مسلط وکار سازنیستی؟ بگذار همسرت با اطمینان به تو تکیه کند "
" اگر از خواب بیدار شدم و دیدم همه این ها حقیقت نداشته چی؟ "
" مراد من سر در نمی آورم، تو داری چه می گوئی.
مثل اینکه راست است تعادل درستی نداری خواب و خیال چیست؟ مگر زده به سرت. خواهش می کنم جلوی آلتین از این چرت و پرت ها نگو"

" آرال تازگی ها قوچک را ندیده ای؟ "
" چه شده دلت برایش تنگ شده.؟ "

" دیوانه می خواهم قبل از آمدن به گنبد برای سماجت های او فکری بکنم. "
" خانم عزیز، دوست خوبم، تو تمام پهنه ذهنش را گرفته ای. تقریبن هفته ای یکبار می آید دارو خانه و سراغت را می گیرد، و اصرار دارد که هر وقت تو تماس گرفتی سلامش را برسانم. خوب می داند که مرتب با من در تماسی. "
" آرال جان بنظر تو اگر دلش به جائی گیر کند کم کم مرا فراموش خواهد کرد؟ و حد اقل دست از پیله بر می دارد؟ "
" آلتین خانم، نمی دانم چه بگویم. ولی کو کسی که بتواند او را از پا درآورد. "
" می بخشی، گفتم شاید بتوانی کاری بکنی. از درماندگی است که مزاحم می شوم.
یک خبر هم برایت دارم که خواهش می کنم حتمن بین خودمان بماند. "
" چه خبری داری آلتین جان ؟ "
" آرال من بار دارم."

" گفتم کسی متوجه نشود ولی تو جیغ می کشی. "
" نتوانستم خودم را کنترل کنم...وای چقدر خوشحال شدم. نه ، حتمن نمی گذارم کسی متوجه بشود. تو بهتره به پدرو مادرت سفارش کنی، چون حتمن تا چند روز دیگر بر می گردند. "
" از آن ها خیالم راحت است سفارشات لازم را کرده ام.
می دانی همه اش از ترس قوچک است...عجب مصیبتی شده است؟ "

" مارال خواهرم ، تو آقای قوچک آتابای را می شناسی؟ پسر عموی خانم دکتر آلتین دوست و شریک من است. "
" اسمش را شنیده ام ولی نمی شناسمش. برای چی پرسیدی ؟ "
" می خواهم تا آلتین نیامده او و پدر مادرش را به خانه مان دعوت کنم. تا بعدن گلایه ای نباشد.

بهتره برای همین هفته کاری بکنم. می خواهم که تو هم باشی تا بیشتر به آن ها احترام گذاشته باشیم موافقی؟ "
" تو داری دعوت می کنی من چرا باید موافق باشم، چه ارتباطی به من دارد؟ "
" مارال جان در مورد آمدن تو به این مهمانی است، می یائی؟ "
" چرا نه؟ "

" خانم دکتر شما داروخانه را در غیاب برادر زاده ام خانم دکتر آلتین اداره می کنید؟ "
" جناب آتابای با اجازه ات من شریک ایشان هستم "
" به به تبریک می گویم. امیدوارم موفق بشوید. یعنی بیشتر موفق بشوید چون ماشاالله حالا هم بهترین داروخانه شهر هستید. "
" ممنونم. ما با هم همکلاس بودیم. تا قبل از ازدواج در یک شرکت داروئی کار می کردم ولی همسرم گفت که بهتر است در زمینه تخصص ات کار بکنی "
" یعنی آلتین دیگر در دارو خانه کار نخواهد کرد؟ "
" گاهی اوقات. وقت هائی که اینجا باشد "
" می بخشید نمی دانم خواهرم را قبلن حضورتا ن معرفی کرده ام؟ ایشان مارال هستند و همین امسال داشگاهش تمام شده است. "
" به سلامتی مادر، چه رشته ای را خوانده اید؟ "
" خانم آتابای حقوق خوانده ام. حقوق قضائی "
" خوب شد پس بعد از این اگر اشکالی پیش آمد کسی را داریم که ازمان دفاع کند."
" قوچک جان اینطور که می گوئی خانم فکر می کند ما خلافکاریم "
" اختیار دارید خانم آتابای . ایشان اظهار لطف کردند. من هر گز حق ندارم چنین فکری در مورد هیچکس داشته باشم. "
" می بخشی مادر فضولی می کنم، شما متاهل هستید؟ "
" نه مادر، هنوز مجردم، خواستم در زمان دانشجوئی گرفتاری شوهر داری نداشته باشم "

" حالا چی؟ "
با خنده و حالت شوخی:
" کسی را سراغ دارید؟ "
" نه مادر، شما با این وجاهت و تحصیلات آرزوی هر مردی هستی. نیازی به من و امثال من نیست "
" ممنونم این نظر لطف شماست "
" مارال را اگر بگذاریم دور را از همه می گیرد این حرفه اش است "

" قوچک مادر پسندیدی؟ "
" مادر مگر شهر هرت است، که هر کس را تو پسندیدی، با سر بدود و بگوید بله؟ تازه، اولن از من خیلی جوانتر است و بعد از آن، من قصد ازدواج ندارم. من گرفتارم مادر گرفتار می دانی؟ "
" نگو گرفتار بگو دیوانه شده ام، هوائی شده ام و در تصورات بی خودی، خودم را گرفتار کرده ام. "
" بنظر من همه چی تموم بود، خوشگل، خوش برو بالا، تحصیل کرده، خانواده دار..."
" مادر کافیه، همه این ها اولن به من چه، من نه سر سیرم نه ته پیاز. از آن گذشته هیچ معلوم نیست بشود حتا گامی بر داشت، او برای خودش بسیار نم کرده و در صف دارد.
از همه مهمتر من یکبار دیگر فقط به تو که مادرم هستی می گویم: من فقط در فکر آلتین هستم و بس. از اینکه ندارمش دارم دق می کنم. "
" پسر خجالت بکش. پدرت که روشننت کرد. او زن مردم است و این حرف و فکر تو گناه است و قبیح، دست بردار قوچک. "
" پس پیله نکنید و بگذارید در دنیای خودم باشم "

" مراد! خانم دکتر رستگار، عمو، زن عمو و قوچک را برای شام دعوت کرده بوده خانه شان و خواهرش مارال نیز که گمان نمی

کنم او را دیده باشی حضور داشته است. "
" چرا؟ "
چون من خواسته بودم، تا شاید کاری برای قوچک انجام شود. ولی بعد از مهمانی وقتی نظرش را در مورد قوچک می پرسد ، جواب نا امید کننده ای می شنود. "

" آلو، آرال جان، خیلی ممنون که در فکر کم کردن شرّ قوچک هستی. ولی کاملن روشن است دختری مثل مارال که هم خوشگل است، آنطور که می گوئی و هم دانشگاه را تمام کرده و وکیل شده است و حتمن خیلی هم از قوچک جوان تر است، بعید است، کمترین توجهی به قوچک داشته باشد "
متاسفانه قوچک هم از خر شیطان پیاده نشده و در دیداری که با تو داشته خواهش کرده که بگوئی ما کی برمی گردیم."

" آلتین جان، اگر فرصت پیش بیاید حتمن چشم اسفندیارش را می یابم و او را هم از سماجت و هم از قلدری می اندازم. تو فعلن فقط به فکر خودت و بچه باش. خواهش می کنم هرچه می توانی آرام و خونسرد و راحت بگذران "
" مراد جان می دانی که فردا پدر مادرم برمی گردند گنبد اگر مادرت که بیش از حد به من می رسد اجازه بدهد من هم با آن ها بر می گردم گنبد تا سری به داروخانه بزنم. تو امروز که خانه مان را به مادر و پدرم نشان دادی ترتیب دکوراسیون آن را بده، تمام که شد خبرم کن می آیم تا اگر جور بشود مدتی را در تهران با هم باشیم و موقت هم که شده دور گنبد را خط بکشیم شاید آب ها از آسیاب افتاد و از قوچک راحت شدیم. "
" می پسندم پیشنهاد خوبی است "

" مادر تو نباید خودت را خسته کنی. داروخانه که هم می روی چند ساعتی بیشتر نمان . خانم دکتر رستگار دارد آن را مثل خودت اداره می کند ضمنن برای روز جمعه آینده عمویت همه ی ما را به

خانه اش دعوت کرده است از خانم دکتر آرال و خوهرش هم خواسته که به این مهمانی بیایند."

" دلیل این مهمانی چیست؟ "

" بخاطر برگشت تو از سفر خارج است و تلافی مهمانی خانم دکتر آرال هم هست که در غیاب ما از آن ها پذیرائی کرده است."

" به آرال اطلاع داده شده است؟ "

" نمی دانم، بایستی حتمن اطلاع داده باشند "

" خانم آتابای، ضمن سلام و با پوزش از مزاحمت خواستم احوال آلتین جان را بپرسم."

" لطف کردید خانم شیبانی ممنون از محبتتان، بله حالشان خوب است گوشی را می دهم به خودش. "

" مادر جان سلام ممنونم از همه ی محبت هایت. تو را بخدا مرا این همه شرمنده خودتان نکنید. به آقای شیبانی سلام برسانید. مراد حالش چطور است؟ "

" آلتین جان تلفن کردم بگویم خواهش می کنم خودت را زیاد خسته نکنی. می بینم که صدایت سر حال است. خوشحالم. "

" خیالت راحت باشد من حتا داروخانه هم ساعت های کمی می روم "

" من گوشی را می دهم به مراد که کنارم ایستاده و همه اش این پا آن پا می کند. "

" عزیزم چطوری؟ "

" خوبم. مراد جان، جمعه همه مان خانه عمو مهمان هستیم. کاش اینجا بودی ، بی تو به من خوش نمی گذرد "

" برو بدون اینکه خودت را خسته بکنی کوشش کن خوش بگذره "

" مراد حتمن قوچک هم هست او را چکارش کنم.؟ "

" قوچک آدم خور که نیست بر خوردت با او بسیار معمولی و خودمونی باشد بگذار فکر نکند وجود او معذبت می کند. همه هستید ؟ "

" بله خانم دکتر و همسرش و خواهرش هم هستند "
" خوب شد، بیشتر خودت را با آنها مشغول کن. برگشتی تلفن کن همه آنچه را که گذشته برایم تعریف کن. ضمنن ماهرانه بیشتر مارال را بدهید پر چکش. "
" چی داری می گوئی مراد، مارال کمترین توجهی به او نداره ، البته قوچک هم اصلن نخ نمی ده. در این مورد آرال مفصل برایم تعریف کرده است. "
" بهر حال کوشش کن خوش بگذرانی. راستی همان مبل هائی را که پسندیده بودی و می گفتی به پرده مان می خورد سفارش داده ام.
حالا هم خسته از بیرون آمده ام و می دانم که فقط اگر تو بودی روبراه می شدم."
" نگران نباش داره کم کم روبراه میشه. ممنونم که همان مبل ها را سفارش داده ای.
مراد با سلیفه خودت و مادر جان ، اتاق بچه ای رو براه کن ببینم چه می کنی. "
" ای به چَشم خوشگلم "

۹

راستی آلتین جان هنوز ویار داری؟ دل بهم خوردگیش خیلی اذیت می کنه؟ می خواهم یاد بگیرم بالا خره نوبت من هم می رسد.
سهراب هنوز پیله نکرده، ولی می دانم دورسرم می چرخد البته خودم هم خیلی دلم می خواهد. "
" اگر خودت هم دلت می خواهد چرا معطلی ؟ این دیگه اجازه نمی خواهد. "
" مگر در مورد تو مراد اجازه نداد؟ "
" ما اصلن در این مورد حرفی نزده بودیم . هر دوی ما تا حالِ من نشان نداده بود متوجه نشده بودیم.
راستی می دانی که روز جمعه همه مهمان عمو جان هستیم؟ "
" بله شخص عمو شرمنده ام کردند و تلفنی اطلاع دادند. "
" مارال را هم دعوت کرده اند؟ "
" بله، هم من و سهراب و هم مارال را نام بردند. ممنونم "
" آرال جان می دانی که ما تصمیم داریم مدتی را در تهران باشیم شاید بشود در مورد پیله قوچک کاری از پیش ببریم. راستش من ناراحت خودش هستم چون خدائیش به ما کاری ندارد اما متاسفانه من را نتوانسته از ذهنش بیرون کند و همین باعث خود خوری و حتا عدم تعادل گه گاهش شده است. فکر می کردم شاید بهر حال مثل همه ی مردها به کسی دل می بندد و راحت می شود. اما گویا بیش از این حرف ها خودش را درگیر فکری کرده است، تا جائی که به گلی مثل مارال هم توجه نکرده است گو اینکه اگر توجه می کرد با عدم قبول مارال ، درد سر دیگری شروع می شد"
" آلتین جان بگذار خبری از مراد بشود و رفتن تو به تهران معلوم شود، بیشتر در این مورد صحبت می کنیم،
چون احتمال اینکه یک وقتی بخواهیم ما هم مسافرتی برویم وجود دارد البته می دانم که قبل از سنگین شدن تو باید باشد. "

" مادر با آلتین که صحبت می کردم گفت با نظر مادر در خانه جدیدمان اتاقی را برای بچه روبراه کنید. "
" کاملن درست گفته "
" می دانم درست گفته ولی می خواستم بگویم که وقتی گفت حال خوبی پیدا کردم. مادر جان راستی راستی دارم پدر می شوم آن هم از زنی که خیلی دوستش دارم. "
" انشالله مبارک است. "
" ممنونم مادر بگذار ببوسمت که می بینم تو هم به اندازه من خوشحالی. آلتین هم مثل دخترت دوستت دارد. "

" مراد جان به سلامتی داری پدر می شوی و من همانطور که می دانی از این بابت خیلی خوشحالم. ولی می خواهم کمی در همین مورد با تو صحبت کنم. "
" در خدمتم پدر جان بفرمائید "
" بگذار مادرت هم بیاید. می خوام او هم حضور داشته باشد. "
" بفرمائید من هم حاضرم "
" همانطور که می دانی تو تنها فرزند ما هستی و من هرچه دارم بی کم و کاست برای توست. ومی دانی که در کار فرش اگر حرف اول را نگویم یکی از معتبر ترین و سر شناس ترین ها هستم. تو هم که هنوز کاری را شروع نکرده ای. ضمن اینکه نمی خواهم جلوی زنت هنوز بیکار باشی و فرزندت هم در خانواده ای متولد شود که پدرش بیکار است. خودت می دانی که تو نیاز به پول نداری این را حتا همسرت هم می داند، خود او هم نیازی ندارد. آلتین خانم هم تک فرزند است. ولی مراد عزیزم او شاغل است داروخانه دارد. فامیل زنت به این کار ندارند که تو دستت حسابی به دهانت می رسد، به این توجه دارند که دامادشان بیکاره است.
می خواستم اگر موافق باشی روزها سری به کار من بزنی و کوشش کنی کم کم چم و خم کار مرا یاد بگیری تا فردا که من سرم را زمین گذاشتم بتوانی آنجا را بچرخانی.
همه ی این تشکیلات در حقیقت به تو تعلق دارد . من هم تا زنده ام

همینکه تو توانستی آن را بچرخانی ضمن اینکه تنهایت نمی گذارم و مثل ستون پشتت ایستاده ام، خودم را باز نشسته می کنم. می خواهم بیشتر وقتم را با نوه ام باشم "

" پدر بگذار دستت را ببوسم که همیشه هوای مرا بنحو احسن داشته ای. من با همه ی گفته هایت موافقم ولی چَشم با مادرم و آلتین نیز مشورت می کنم. "

" من واقعن از پدرت متشکرم که چقدر خوب حق پدری را دارد ادا می کند. مراد جان از این بهتر نمی شود. خوشحالم که قبل از مشورت با ما خودت دریافت و موافقت کردی. "

پدرم همیشه درست سر بزنگاه های زندگی ام حضوری مثبت و کارساز داشته و بخصوص باگذشت و فداکار بوده است.

من به دفعات شاهد بوده ام که به موقع تصمیم درست و کارساز گرفته است. او همیشه به من آموخته است.

او مردی بسیار خوش قلب است.

۱۰

" امروز همه حتا خانم دکتر رستگار و شوهرش و خواهرش مهمان عموی آلتین هستند. برای شب که برگشتند به او اطلاع می دهم. "

" مراد جان حالا عجله نکن شب که برگردند آلتین خسته است و باید استراحت کند. فردا صبح تماس می گریم من هم دلم می خواهد متوجه نظر او بشوم. با اینکه می دانم نه تنها موافق خواهد بود بلکه خوشحال هم می شود "

آن قدر از پیشنهاد پدر خوشحال بودم که دلم می خواست هرچه زود تر به آلتین اطلاع بدهم. می خواستم بداند که کار خوب و پر در آمدی گرفته ام که به خودم تعلق دارد.

خیلی طول کشید تا خوابم برد. و صبح به شوق تماس با همسرم رفتم سراغ تلفن.

" مادر چندین بار تلفن آلتین را گرفتم جواب نداد. به داروخانه زنگ زدم نتوانستم با خانم دکتر حرف بزنم. تلفن خانم آتابای هم جواب نمی دهد. چه شده؟ در حد پریشانی نگرانم. ببین می توانی کاری بکنی..."

" یعنی چه مادر؟ چرا هیچکدام جواب نمی دهند؟ "

" نمی دانم ، از من نپرس. کاری بکن. دل شوره دارد از پای درم می آورد"

" شاید برای مدت کوتاهی برق شهر رفته باشد. "

" مادر جان به تلفن دستی همه زنگ زده ام. نه تلفن خانه ها ونه تلفن دستی ها جواب نمی دهند. حتمن چیزی شده دلم گواهی خوبی نمی دهد "

" این حرف ها چیه می گوئی مراد؟ کمی صبرکن، دستپاچه نباش. بگذار خودم را پیدا کنم. همین حالا موضوع را با پدرت در میان می گذارم ببینم نظر او چیست."

" خانم شاید در ارتباطات شهر اشکالی پیش آمده، فرصت بده من با آقای آتابا ی تماس بگیرم "

"جناب آتابای چی شده چرا هیچکس به تلفنش جواب نمی دهد؟ شما هم احساس می کنم صدایتان پر از بغض است. "
" جناب شیبانی فاجعه...فاجعه ای خارج از تحمل رخ داده است. بد بخت شدیم. دارم از پا در می آیم ...ببخشید نمی توانم ادامه بده. "
" جناب آتابای من همین حالا خودم تنها به گنبد می آیم ...رفتم حرکت کنم. "

" خبری شده پدر جان ؟ "
" هنوز هیچ چیز نمی دانم. "
" عطا جان، خبری گرفتی ؟ "
" نه خانم گفتم که هنوز خبری نگرفته ام ولی بنظر می رسد خیلی روبراه نیست. به او گفتم که خودم می آیم گنبد، بروم چند تکه لباس بر دارم "
" عطا جان بگذار کمکت کنم "

" خانم هنوز نمی دانم چه شده. آقای آتابای فقط چند بار با بغض گفت فاجعه فاجعه، و دیگر نتوانست حرف بزند. به او گفتم همین حالا می آیم گنبد. خانم فکر می کنم موضوع بسیار مهمی است، حتا در حد مرگ و زندگی. یک جورائی هم خودت و هم مراد را جمع و جور کن. من خبرت می کنم. شما هیچ گونه تماسی با گنبد نگیرید تا من به شما زنگ بزنم. "
" مراد از پدرت خواستم که خودش برود گنبد، قبول کرد و رفت، ولی خواهش کرد که ما با گنبد تماس نگیریم تا او خبرمان کند. "
" چرا رفت گنبد، مگر خبری شده است ؟ "
" خودش هم نمی دانست. برای صحبت با آقای آتابای با شهر داری

۱۰۹

تماس می گیرد می گویند کسالت دارد خانه است. تلفن خانه و دستی اش جواب نمی داده است.
مراد جان پیشنهاد می کنم یا بروی با اسد باشی ویا بگوئی او بیاید خانه ما. اگر هم بخواهی من می توانم با او تماس بگیرم. "
" با نظرت موافقم با او تماس بگیر ببین وقت دارد سری به من بزند. "

" اسد جان من خاله هستم و ماجرا را تا آنجائی که می‌دانستم برایش تعریف کردم و خواهش کردم بیاید با مراد باشد
" خاله جان حدس خودت چیست فکر می کنی چه پیش آمده است "
" اسد جان نمی خواهم هیچ حدسی بزنم "

" مراد بی غیرت تو نمی خواهی زنگی به من بزنی، ببنی در چه وضعی هستم ؟ "
" اسد خوب شد آمدی حالم خیلی خراب است. پا در هوا هستم نمی دانم چه به روزم آمده. مثل اینکه دروازه ورود به گنبد را چفت و بست زده باشند حتا امواج تلفن هم رد نمی شود. "
" خاله جان خیلی خسته ام قربان دستت، اگر چایت حاضر است لطفن یک استکان برایم بریز "
" مراد جان تو که هنوز نمی دانی چی شده، این هم ناراحتی و دستپاچگی موردی ندارد "

" من جواب می دهم. "
" من نمی دانم تو کی هستی؟ اگر مرادی بدان که همه چیز تمام شد. اگر می خواهی هرچه زود تر بیا گنبد. "
" جنابعالی کی هستید؟ ...الو...الو ..."
" خاله، قطع کرد. نفهمیدم کیه. خودش را معرفی نکرد. "
" از گنبد بود؟ بابام نبود؟ چون حدود یک ساعت و کمی بیشتر است که رفته. "

" نه مراد جان بابات نبود، نباید هنوز رسیده باشد "
" پس کی بود؟ "
" نمی دانم ، نشناختم "
" اسد جان، مرد بود ، زن بود، چی گفت ؟ دارم کلافه می شوم . "
" ناراحت نشو مراد، مرد بود. صداش برایم آشنا نبود. فقط گفت همه چیز تمام شد و قطع کرد خودت که شاهد بودی "
" چی تمام شد؟ "
" مراد جان مرا محاکمه نکن چیزی بیشتر از این که گفتم نگفت من هم مثل تو نمی دانم کی بود و نمی دانم منظورش چه بود. از آن گذشته کمی صبر می کنیم تا آقای شیبانی تماس بگیرد. "
" اگر تلفن زنگ زد کسی دست نزند تا من برش دارم "
" مادر چرا چشمانت قرمز است؟ گریه کرده ای؟ تو را بخدا اگر چیزی می دانید به من هم بگوئید "
" مراد جان از اینکه نگرانم و هیچ چیز نمی دانم، گریه ام می گیرد "
" مادر- اسد ، لطفن خوب توجه کنید . من آلتین را می شناسم اگر هرچه شده باشد به من زنگ می زند و همه ماجرا را می گوید. اطمینان دارم برای او اتفاقی افتاده که با من تماس نگرفته است. بچه ام چه شده است. مادر دیدی گفتم همه اش خواب و خیال است. آلتین رفت. من هم به دنبالش می روم ...حالم خوب نیست. سرم دارد گیج می رود. حالت تهوع دارم. مادر اگر دوائی داریم به من بده . خوب نیستم. هرکس بود تلفن کرد، درست خبر داده است. حتمن با من بوده که گفته به مراد بگوئید بازی تمام شد. می خواسته بگوید خواب رویائیت کابوس شد. خب هر خوابی بالاخره زمانی تمام می شود ولی می تواند کابوس نشود."
" مراد چرا هنوز چیزی نشده داری مرثیه می خوانی؟ این حرف ها چیست؟ مگر توغیبگو هستی. آرام باش تا ببینیم جریان چیست "
" ببین اسد، مادرم دارد گریه می کند. حتمن می داند چی شده. ولی به من نمی گوید. من خودم چند وقت پیش به او گفتم:
" مادر من فکر می کنم همه ی ماجرای من با آلتین یک خواب و

خیال است. نگفتم مادر؟ راستش را بگو، نگفتم این تصور و خیال روزی تمام می شود؟ "
" مراد...مراد... حالت خوبه؟ اسد کمک کن بگیریمش داره می افته. مراد مادر چی شده...؟ "
" به من دست نزنید. این همه هم سر و صدا نکنید دارم می خوابم شاید دوباره آمد، شاید همه چیز تمام نشده باشد. "
" اسد جان، مرادم دارد از دست می رود اگر دکتری می شناسی برو بیاورش . زود باش. مراد دارد از دست می رود "
" چَشم خاله. بگذار ببینم کی دارد به تلفن من زنگ می زند "

" نوا بود. گفت آقای شیبانی زنگ زده کارم داشته. حواست به مراد باشد تا من با ایشان تماس بگیرم. "

" سلام آقای شیبانی. خواسته بودید با من صحبت کنید.؟ خاله خواسته بود بیایم خانه شما برای بودن با مراد که اصلن حال خوبی ندارد. "
" اسد جان دیدم فقط می توانم در مورد وضع باور نکردنی که در اینجا رخ داده است با تو صحبت کنم. باور کن نمی توانم حتا با تو هم صحبت کنم... "
" شوهر خاله جان، تو را بخدا گریه نکنید، بگوئید ببینم چه شده. من کاملن می دانم که چطور با مراد و خاله مطرحش کنم. "
" اسد خاک بر سر شدیم. بیچاره شدیم من کاملن در مانده ام. دارد قلبم از کاروا می ماند . دیگر مهم نیست که مراد یا خاله بدانند که چه شده. شده آن چیزی که نمی بایست بشود . اسد باور نکردنی است... "
" خواهش می کنم کمی آرامتر باشید. گریه نکنید. نمی دانم می توانم بگویم کمی خود دار باشید یا نه. چون احساس می کنم که عظمت این رخداد که هنوز نمی دانم از چه قرار است، بحدی است که نمی توان چنین توقعی داشت. فکر می کنید لازم است من همین حالا حرکت کنم؟ "

" نه اسد جان، آنچه که نباید می شد شده است آمدن تو هیچ دردی را دوا نمی کند، چون متاسفانه زمان به عقب بر نمی گردد. اتفاقن خانه ما بودنت خیلی می تواند بهتر باشد.
اسد دیروز همه، خانه آتابای بزرگ ناهارمهمان بوده اند. همه و همه. قوچک به آلتین و خانم دکتر رستگار و مارال خواهرش پیشنهاد می کند بروند شکار، و گفته تا ناهار حاضر شود، بر می کردیم. ..."
" آقای شیبانی مثل اینکه فاجعه بزرگتر از آن است که بگذارد شما به اعصابتان مسلط باشید. می خواهید بعدن تلفن کنم...؟
شوهرخاله به من توجه دارید؟ متوجه می شوید چه دارم می گویم؟ "
" اسد! قوچک در حین شکارقلب آلتین را از پشت هدف می گیرد و تمامش می کند. آرال خانم فریاد می زند (نا مرد آلتین بار دار بود) و بیهوش می شود. مارال دستپاچه نمی داند چکار کند. لیوان آبی به صورت خواهرش می پاشد و با هر درد سری بوده آلتین را به بیمارستان می رساند که متاسفانه قبل از رسیدن به بیمارستان تمام کند.
قوچک آن ها را رها می کند و با اسب می تازاند تا خانه. به خانه که می رسد قبل از اینکه به دیگران فرصت بدهد بپرسند پس بقیه کجا هستند خودش تمامی جریان را در بهت و حیرت همه تعریف می کند و قبل از بی هوش شدن مادرآلتین لوله تفنگ را در دهان خود می گذارد و مغز خود را پخش می کند و می افتد زمین و عین مرغ پرو بال می زند تا تمام می کند و سه نفر بیهوش را می گذارد روی دست عموی آلتین. هردو خانم ها وآقای اتابای را. "
و چنین غیر قابل باور درخت بارور زندگی آلتین را که در اوج زیبائی و موفقیت بود و مراد را که دا شت آبیاری می شد و با شادی به استقبال زندگی می رفت از ریشه در می آورد و ابر های همه ی آسمان ها را به اندود خورشید عشق می کشاند و تاریکی را حاکم می کند و خودش را که می توانست زندگی شکوفائی داشته باشد به چاه تاریک و سهمناک نابودی سر نگون می کند، و پرده

نمایشی را می کشد که همه ی تماشاچیان با شعف غرق تماشا بودند.

" آقای شیبانی لطفن ادامه ندهید دارم از پا می افتم. دارم سر نگون می شوم، بعدن با هم بیشتر صحبت می کنیم "

" نوا جان اگر می توانی بیا اینجا. با تاکسی بیا "
" اسد چی شده؟ "
" بیا تا بگویم. فقط بدان که قوچک آلتین را با کلوله کشته و بعد خوش راهم از پا در آورده. با تاکسی خودت را برسان به تو احتیاج دارم."

" اسد! مراد کجاست؟ "آ
" حالش خیلی بد است. هنوز به درستی نمی داند. فقط حدس می زند که بلائی به سر آلتین آمده، حتمن در یکی از اتاق هاست. حرف هایش سر و ته ندارد. مثل اینکه شوک عصبی سختی از پا درش آورده است. می گوید ماجرای آشنائی و ازدواج و بطور کلی هر آنچه را با آلتین داشته یک خواب و خیال بوده، حتا می گوید من قبلن به مادرم گفتم که زندگی ام واقعی نیست، می گوید همه اش یک رویا یا یک خواب و خیال بوده است. "
" اسد اینطور که می گوئی مراد دارد از تصور مرگ آلتین دیوانه می شود. گویا از تحمل و ظرفیتش بیرون است. حالا می گوئی چکار کنیم؟ "
" بنظر من اول برویم سراغ خاله او را کمی آرام کنیم و بعد آنچه را که شوهر خاله گفته برایش تعریف کنیم. "
" اسد گمان نمی کنم طاقت بیاورد. او هم از پا می افتد و ما در واقع نمی دانیم با هر دویشان که شدیدن به کمک احتیاج دارند چکار کنیم. "
" نظرت چیست نوا؟ چکارکنیم؟ آقای شیبانی که خودش باور نکردنی ناراحت بود و از فشار فاجعه نمی توانست خود دار باشد

و بی اختیاراشک می ریخت و گریه امانش را بریده بود، از من خواست که موضوع را با خاله و مراد در میان بگذارم. "
" بگذار من تنهائی بروم سراغ خاله ببینم در چه وضعیتی است. تو هم برو سراغ مراد. هر دو دقت کنیم و دریابیم که می شود حرف زد یانه. فقط اشکال این است که من به شدت بغض دارم و گمان نمی کنم بتوانم خودم را بگیرم. آنچه پیش آمده در باورم نمی نشیند.چهره معصوم و بسیار دوستداشتنی آلتین یک لحظه از نظرم دور نمی شود. من از روز اول با قوچک کنار نیامده بودم. انتقام جوئی در بن چهره اش نشسته بود و عناد خاصی را در رابطه با مراد، گاه و بی گاه بروز می داد "

" نوا، تو اینجا چکار می کنی؟ اسد کجاست؟ "
" اسد هم اینجاست دارد با مراد حرف میزند. "
" چرا؟ مگرخبری شده، حاش خوب نیست؟ "
" نگفتم حالش خوب نیست، گفتم اسد دارد با او صحبت می کند "

خاله ، حالت خوبه؟ اسد تلفن کرد و خواست که بیایم. گفت مراد حالش خوب نیست. حالا هم رفته اتاق مراد. "
" مگر نمی دانی؟ مراد فکر می کنه بلائی سر آلتین آمده. بهمین خاطر همه اش مرا شاهد می گیرد که دیدی گفتم من خواب بودم و همه ی جریان هائی که با آلتین داشتم یک خیال بوده. من فکر می کنم حواسش درست کار نمی کند. نمی دانم چه کار کنم. "
" خاله می دانی که آقای شیبانی به من تلفن کرد و گفت بگو اسد فورن با من تماس بگیرد. اسد هم تماس گرفت. "
" بگو ببینم به اسد چه گفته. آلتین که چیزیش نشده؟ "

" نوا! تو داری گریه می کنی؟ وای خدای من خاک بر سر شدیم دارم خفه می شوم بگو چی شده. چی شده نوا، حرف بزن، گریه نکن حرف بزن. به من گفت که آقای آتابای به او گفته ....فاجعه....فاجعه. نوا بگو فاجعه چه بوده؟ من که با این همه هِق هِق تو، اصلن نمی

فهمم چی میگوئی...؟ "
" خاله، قوچک با گلوله آلتین را کشته "

" خاله، خاله...وای اسد کجائی، خاله غش کرده ...اسد...اسد صدایم را می شنوی؟ بیا اینجا..."
" نوا، فورن به اورژانس تلفن کن، زود باش برایم یک لیوان آب سرد هم بیاور...خاله جان...خاله جان صدایم را می شنوی؟ "
" اسد، اورژانس در راه است. مراد چه می کند؟ "
" مراد خواب است من نتوانستم با او صحبت کنم. تو با خاله و با آمبولانس برو بیمارستان از آنجا به من بگو کدام بخشی و به مادرم اطلاع بده تا بیاید بیمارستان به تو کمک کند اگر بابا هم آمادگی دارد با مادرم با هم بیایند. خودت اگر صلاح دیدی به پدرت بگو بیاید با من باشد چون اگر ماجرا را بهر کدامشان بگوئیم باید کسان دیگری باشند. خوب متوجه شدی؟ "
" مانتوی خاله را پیدا کن تا بپوشانمش. آمبولانس همین حالا می رسد.
" آقای شیبانی از کجا زنگ می زنید ؟ "
" از گنبد. فردا یا پس فردا صبح می آیم. ماجرا را به مراد گفتی؟ "
" نه، متاسفانه مراد در حالتی مثل کماست و تا یکساعت دیگر می بریمش بیمارستان. توی خانه برایش خطرناک است. تا حالا فکر می کردیم در خواب است."
" به خاله چی گفتی؟ مراد را تنها با مادرش نفرست بیمارستان خودت هم باهاشون برو "
" جناب شیبانی متاسفانه دیروز تا "نوا" موضوع را به او گفت آن هم خیلی خلاصه وقتی فهمید که آلتین کشته شده بیهوش شد که مجبور شدیم برسانیمش بیمارستان. نوا، و مادر و پدرم هم همراهش هستند و گویا منتقلش کرده اند سی سی یو. پدر نوا هم آمده کمک من و داریم مراد را به بیمارستان می بریم."

" از قرار هنوز عمق فاجعه را نمی دانند و کارشان به بیمارستان

کشیده است. وقتی کامل بدانند چه بدبختی به سرمان آمده نمی دانم زنده می مانند یا نه.
من هم تا مراسم خاکسپاری که فرداست تمام نشود، و اوضاعِ آقا و خانم آتابای از خطر رد نشود نمی توانم بیایم. اینجا این ها کسی را ندارند ولی شما دورو برتان آدم زیاد است.
اسد من شعورم کار نمی کند فقط می دانم که آن ها را سپرده ام دست تو. هر کار از دست همه تان بر می آید بکنید...من نمی توانم تحمل کنم...بعدن باز تماس می گیرم اینجا وضع آقا و خانم آتابای خیلی بحرانی است امکانات تهران را هم گنبد ندارد. پدر مادر قوچک هم بیمارستان خوابیده اند. می بینی که فاجعه است می فهمی اسد؟ "

عجب مصیبت عظیمی است. نمی دانم چگونه فرجام می گیرد. دارم دیوانه می شوم.
بنظرمن قوچک رسمن یک روانی بود و چنان آتشی روشن کرده است که همه و حتا خودش را در آن سوزانده است...بیچاره آلتین نازنین.

" شما چکاره اش هستید؟ "
" پسر خاله اش "
" پس پدر ومادرش کجا هستند. اگر همسر دارد او کجاست؟ "
مجبور شدم که خلاصه آنچه را که روی داده است برای پزشک معالج تعریف کنم.
" خودش می داند چه شده ؟ "
"خیر آقای دکتر فقط حدس هائی زده و به این روز افتاده است "
" بنظر من مریض شما گرفتار آشفتگی فکری است که می تواند در حدی بد باشد که مریض علیه خودش نیز دست به کارهائی بزند. ولی خوشبختانه درمورد " گفتید اسمش چیست،...مراد؟ " مراد، چون فکر می کند یک خواب را از دست داده است و آنچه را که داشته در عالم واقع نبوده، کمی وضعش بهتر است. اما متاسفانه همین تصور را از ذهنش بیرون کردن اولن بسیار مشکل است و

بعد اگر موفق بشویم که او را ار این رویا بیرون بکشیم، مجبوریم واقعیت را جایگزین کنیم که تازه اول مصیبت است. "
" دکتر پس می گوئید چکار کنیم؟ "
" بگذار یکی دو روز تحت مراقبت و بررسی من باشد تا ببینم چه تصمیمی می توانم بگیرم. "
" پس می گوئید حالا واقعیت را به او نگوئیم ؟ "
" نه، در شرایطی نیست که راحت و ساکت و با توجه بنشیند و به حرف های شما گوش بدهد، و در این مرحله این حالت بسیار خوب است. همانطور که گفتم یکی دو روز به من وقت بدهید "
از دکتر اجازه گرفتم اگر بیدار است بروم و ببینمش، با این قول که حتا یک کلمه از واقعیت رخداد با او صحبت نکنم

۱۱

" سلام مراد، حالت خوبه "
" اسد چرا من را اینجا آورده اید؟ من که مشکلی ندارم "
" مراد جان، خواب بودی هر کار کردم بیدار بشوی نشدی، تنفس ات هم آهنگ درستی نداشت، بهتر دیدم بیاورمت اینجا چون من هیچ از مداواهای خانگی نمی دانم. کار بدی کرده ام؟ "
" پس حالا ببرم خانه "
" چَشم، دکترت خواسته که موافقت کنی یک روز دیگر اینجا باشی، اگر موافق نیستی از نظر احترام هم شده بگذار دکتر بیاید و اجازه مرخصی را بدهد. موافقی؟ "
" بله اینطور بهتر است. اسد خیلی دلم می خواست آشنائی و زندگی با آلتین واقعی بود. خیلی زندگی خوبی بود. دلم خیلی می سوزد. خیلی دوستش داشتم. چه زن مهربان و دانائی بود. اسد در خوشگلی هم تک بود. متاسفانه همه اش پرید.
چرا حرف نمی زنی اسد؟ اصلن فکر نمی کردم خوابم این همه به واقعیت نزدیک باشد. با دکتر صحبت کردم و ازش خواستم که مقداری قرص خواب در اختیارم بگذار، شاید دوباره ببینمش و زندگیمان را ادامه بدهیم. "
" مراد جان، توکه فرصت نمی دهی منهم حرف بزنم. بعد می گوئی چرا حرف نمی زنی. "
" می دانم که توهم مثل بقیه می خواهی برایم چرت و پرت ببافی. "
" مراد جان تو که خودت می بری و خودت می دوزی و بجای من هم نظر می دهی. "
" بگو به گوشم "

" سلام دکتر، مراد داشت برایم حرف می زد. می بخشی بیشترماندم "

" دکتر من یک یکبار همین حرف هائی را که به اسد گفتم به شما هم گفتم، ولی متوجه شدم که جدی نگرفتی و من پوزخند را در چهره ات دیدم "

" از من خواستی که قرص خواب به تو بدهم تا دوباره و چند باره بخوابی شاید زندگی که داشتی از سر بگیری. جانم مگر می شود که دائم خواب باشی تا دنباله خواب قبلی را ببینی و زندگی را بر اساس آن ادامه بدهی. برادرمن، مگر خواب فیلم سریال است که در هر خواب یک قسمت آن را ببینی ؟ "

" دکتر همه تان یک چیزتان می شود و در دل مرا مسخره می کنید. ما، من و آلتین داشیم بچه دار هم می شدیم. "

" مراد جان خوب توجه کن تا روشنت کنم، کمی هم مقاوم باش. تو اصلن و ابدن در خواب با زنت آشنا نشدی تو اصلن خواب نبودی. کاملن در بیداری و واقعی بوده است."

" دکتر اگر چنین است که می گوئی لطفن بگوئید آلتین به دیدنم بیاید تا به قول شما در عالم واقع با او صحبت کنم. من تا نگوئید زنم به دیدنم بیاید دیگر حتا یک کلمه هم دروغ هایتان را باور ندارم. "

" تو قبول کن که همه ی آنچه را که داشته ای در خوب و رویا نبوده است تا من با تو در مورد همسرت و زندگیت حرف بزنم. خواب و خیال چیه؟ بیا در دنیای واقعی و مثل همه ی ما فکر کن و خواب و رویا را فراموش کن و هچون یک مرد آماده شنیدن واقعیت باش. "

" مراد جان آماده و قوی باش تا دکتر روشنت کند."

" بفرما دکتر به گوشم "

" ببین آقای مراد شیبانی آنچه را که تو تصور می کنی خواب، رویا، خیال، یا نوعی تصور بوده، درست نیست. همه اش واقعی واقعی بوده است.

پرونده نشان می دهد که تو خدمت نظامت را در شهر گنبد کاووس گذرانده ای. در این شهر به واقع داروخانه صحتی وجود دارد که در مالکیت خانم دکتر آلتین آتابای بوده و عکس ها و فیلم ها نشانگر این است که تو با ایشان ازدواج کرده ای و بقیه قضایا نیز به شواهد

اسناد موجود واقعی بوده است و نه خواب و خیال. "
" آقای دکتر در اینصورت پس این همه موجودیت کجا رفتند؟ چرا دود شدند؟ زنم چرا سراغی از من نمی گیرد؟ این نابودی همه جانبه همه حکایت از این دارد که خواب و خیال بوده است. در خواب است که با چشم بهم زدنی به سرعت برق و باد همه چیز ریشه کن می شود. مگر می شود در عالم واقع شیرازه ها چنین پوشالی باشند. اگر واقعی بوده، پس من چرا تکانی نمی خورم، من چرا نمی روم سراغ زن بار دارم. پس بقیه کجا هستند؟ قوچکی که همیشه موی دماغم بوده چرا پیدایش نیست. پدر، مادر زنم چرا پیدایشان نیست. نه آقای دکتر روانشناسیت را روی من آزمایش نکن. بگذار در دنیای شیرینی که خواب ازم گرفته است دست و پا بزنم "

" آقای اسد نگهبان، من گمان می کنم پسر خاله شما دچار یک ضربه! عصبی شده که امید وارم به طرف بد خیم شدن نرود، چون متاسفانه شواهد خوبی به چشم نمی خورد. او به درمان دراز مدت نیاز دارد و ماندگاری در بیمارستان، هم پر هزینه است و هم درمانگر دائمی نداریم. بهتر است او را به یک آسایشگاه ببرید "
" معذرت می خواهم دکتر، تشخیص دیوانگی می دهید؟ "
" جناب نگهبان، نام گذاری که مهم نیست، هرچه دلتان می خواهد بنامیدش. مهم درمان و بهبودی است در محیطی بهتر."
" دکتر اجازه بدهید پدرش که فعلن گنبد است بیاید، تصمیم نهائی با اواست "

" اسد جان من امروز می آیم. آنجا چه خبر؟ "
" آقای شیبانی، همین امروز خاله را که حالش بهتر شده می آوریم خانه و اگر جور شد ماجرا را که هنوز کامل نمی داند برایش خواهیم گفت. "
" نظر من این است که اگر حالش بهتر شده در بیمارستان و در حضور دکتر معالج برایش تعریف کنید تا اگر مشکلی پیش آمد در مرکز درمانی باشد. وضع مراد چطور است؟ "

" در مورد خاله همانطور که گفتید عمل می کنیم. ولی مراد برایش هنوز مرغ یک پا دارد. امروز دکتر می گفت شوک عصبی سنگینی از پا درش آورده و می گفت بهتر است که او را به آسایشگاه منتقل کنیم. من زیر بار نرفتم و موکولش کردم به آمدن و نظر شما "
" اسد جان نظر من این است که مراد را اگر آمادگی دارد ببرید خانه. بیمارستان حرف آخرش را در مورد او گفته است. در خانه نظارت من و گه گاه تو و خاله " البته اگر او هم آمادگی داشته باشد" و حضور گه گاه بقیه فامیل بخصوص مادر و همسر تو بیشتر از آسایشگاه برای او مفید خواهد بود. من می دانم آنچه که رخداد از همه ی باور ها دور است هیچکدام نمی توانیم تصور و قبولش کنیم به معنی واقعی یک فاجعه مصیبت بار بوده است. "

" خاله جان خوشحالم که آمده اید سر خانه و زندگیت. آقای شیبانی هم تلفنی اطلاع داد که فردا می آید و گفت مراد را بیاوریم خانه."

به او گفتم که دکتر در مورد مراد چه گفته. و ملایم کل ماجرا را برایش تعریف کردم. فقط آرام اشک ریخت. بی توقف و در حال سر در گریبان.
چند بار گفت:
" چرا؟ ...چرا؟ "
و مثل کسی که خیلی خسته است دراز کشید ولی با چشمانی باز. بنظر می رسید در سقف دنبال چیزی می کردد. حالت بهت داشت. به گمانم داشت همه ی زندگی اش را مرور می کرد.
و گاه نم اشکی روی گونه هایش راه می گشود.
دلم خیلی به حالش سوخت. چه بی انصافانه زندگیش متلاشی شد. نگاهش را به صورتم دوخت:
" اسد! آلتین را کشتند و همراه با عروسم نوه ام را هم نابود کردند. نمی دانم مراد تاب این مصیبت بزرگ را خواهد آورد؟
اینطور که می گوئید هنوز به دنیای واقعی باز نگشته دارد له می شود . دارد کارش به جنون می کشد.

کیست که دارد تحمل و حوصله و سر پا بودنم را آزمایش می کند؟"

" اسد جان چرا هنوز مراد را از بیمارستان نیاورده اید خانه؟ "
" آقای شیبانی گفتم حاضرش کنند. داشتم می رفتم که بیاورمش
متاسفانه حال خاله خوب نبود... دارم می روم. "

زندگی چه زیرو روئی می کشد. باور کردنی نیست که یک روال شکوفا چنین بیرحمانه پرپر شود و با یک پلک بهم زدنی نابود گردد. واقعن بر باد رفت، دود شد. آن همه زیبائی وعشق به زندگی چون خانه ای شنی در ساحلی که بنظر می رسید آرام است، با یک موج نا پدید شد. صاف شد. حیرت آور است. موج خانه خراب کنی که هنوز یقه آدم های زیادی را در چنگ دارد.
آلتین به راستی یک دنیا مهرو زیبائی بود، و چه شوقی به زندگی داشت. دل آدم درد می گیرد.

" آلو! من مارال خواهر خانم دکتر آرال رستگار هستم. شما اسد خان پسر خاله مراد هستید؟ "
" بله خانم، حالتون چطور است؟ "
" مگر حال شما خوب است که من باشم ؟ "
" می دانم فاجعه بود"
" مزاحم شدم آخرین پیام خانم دکتر آلتین آتابای را به مراد شیبانی بدهم. متاسفانه تلفنش جواب نمی داد. خواهرم خانم دکتر آرال شماره تلفن شما را به من داده است. مراد خان حالش چطور است ؟
"حالش خراب است، خراب، با اینکه هنوز به درستی نمی داند چه شده است. "
" چطور هنوز نمی داند؟ "
" داستانش مفصل است. کوتاه بگویم، آشفتگی عصبی دارد. فکر می کند همه ی زندگیش یک خواب بوده است. یک رویا که همه اش هم گمان می کند در فصل بهار بوده است. هنوز نمی داند چه خزانی حاکم شده است. "

" عجب! "
خانم رستگار فرمودید پیغامی دارید. "
" بله، متاسفانه خانم دکتردر راه بیمارستان درآغوش من تمام کرد...اسد خان! چند دقیقه صبر کنید... "
بغض داشت راه تنفسش را می گرفت، یارای حرف زدن نبود.

" جناب نگهبان آلتین دقیقن دقیقن چنین گفت:
به مراد بگوئید که خیلی دوستش دارم ...خیل..ی... و برای همیشه ساکت شد "

دارم خفه می شوم. چرا قوچک دست به چنین کاری زد؟ من شاهد بودم که خودش به ازدواج مراد و آلتین رضایت داد. حتا مراد به او گفته بود که اگر آلتین تو را انتخاب کند من یک روز پس از تمام شدن سربازیم در گنبد نخواهم ماند. چگونه شد که هوائی شد و دست به فجیع ترین جنایت زد. خوش بحال مراد که فکر می کند همه اش خواب و خیال بوده، تصور و رویا بوده، ولی من، خاله، آقا و خانم آتابای، و شوهر خاله ام داریم کباب می شویم من تا زنده ام چهره دوست داشتنی آلتین را از یاد نخواهم برد.

در بیمارستان نوا و پدرش را در اتاق مراد دیدم. او را لباس پوشانده و منتظر من بودند.
مراد با دیدن پدرش که با من آمده بود خود را در آغوش او انداخت و با صدای بلند های های گریه را سر داد.
همه بهت زده شدیم. من فکر می کردم به شکلی واقعیت را متوجه شده است. آقای شیبانی در حالیکه بغض راه گلویش را گرفته بود، گفت:
" آرام باش پسرم. آرام باش. من در حال گریه متوجه نمی شوم چه می گوئی؟
بگذار از بیمارستان برویم خانه تا برایت همه ی آنچه را که رخ داده است برایت باز گو کنم "

" بابا، گنبد رفته بودی که ببینی چرا تلفن هایشان جواب نمی داد. اسد و مادرم که اعتقاد ندارند، بگو که اصلن آلتینی وجود خارجی نداشته است. بگو که همه خواب وخیال بوده است. و بگو که پسرم در رویا برای خودش خانه و زندگی درست کرده بود و ناگهان همه اش بر باد رفت "

" پسرم، چرا ناگهان همه اش بر باد رفته است ؟ مگر چیزی تغییر کرده است که چنین فکر می کنی؟ "

" نمی دانم پدر، نمی دانم چرا ناگهان در ذهن و فکرم همه چیز تمام شد. چرایش را نمی دانم . مگر نه هر رویا و خوابی زمانی تمام می شود؟ "

" نه فرزندم تو خواب نمی دیدی، آنچه داشتی واقعی بود. تو با خانم دکتر آلتین آتابای دختر شهر دار گنبد کاووس ازدواج کردی، و همه ی آنچه که به این موضوع مربوط می شود حقیقی است... عروسی، مسافرت هایتان ...یا از ابتدا بگویم، خدمت نظامت در گنبد، همه و همه وجود داشته است. همه ی این رخداد ها کاملن واقعی و طبیعی بوده است. همین اسد خان که در اینجا نشسته به خواست تو در جریان آشنائی و ازدواجت حضوری عینی داشته است، می توانی ازش به پرسی. "

مراد نگاهش را بر روی اسد انداخت وخندید و گفت:
" اسد پدر چه می گوید؟ "
" هرچه می گوید همه اش درست است و همه به موقع انجام شده است "
" نمی فهمم شما ها دارید چه می گوئید؟ "
" مراد جان اگر محکم و استوار باشی همه ی آنچه را که رخ داده است مو به مو برایت تعریف می کنم. چون بخصوص تو باید همه را بدانی. همه بیشتر به تو و زندگی تو مربوط است. بهر دلیل پیش آمده و کاریش هم نمی توان کرد.
حالا به من بگو که قوچک را در همان خواب و خیالی که می گوئی می شناسی؟ "

با حالت تعجب و پرسش گفت:
" بله "
" و می دانی که تو آلتین را از چنگال او درآوردی؟ البته ضمن اینکه آلتین هم محکم ایستاد و رو در رو به او گفت : من مراد را دوست دارم و می خواهم با او ازدواج کنم.
شاید متوجه نشده باشی یا شاید هم می دانی که قوچک از تصمیمش پشیمان شد و همه جا تو را (مرد اجنبی) که کلاه سرش گذاشته و عشقش را از دستش در اورده است می نامید."
" بله چیز ها ئی یادم می آید "
" خب، حالا گوش بده تا وارد اصل قضیه بشوم.
روز جمعه گذشته یعنی حدود یازده روز پیش همه ی فامیل و آشنا های مقیم گنبد را، عموی بزرگ آلتین یعنی پدر قوچک برای ناهار به خانه اش دعوت می کند. "
" بله پدر کاملن یادم می آید "
" در آن روز، قوچک ، آلتین یعنی دختر عمویش و همسر تو را به اتفاق دوستانش خانم دکتر آرال و خواهرش مارال رستگار را دعوت می کند که بروند شکاری بزنند و بیاورند تا سور و سات کباب را هم روبراه کنند.
متاسفانه این زمینه ای شیطانی بوده برای کشاندن آن ها به بیرون از خانه . با اسب می روند. کمی که از خانه دور می شوند، نرسیده به بیشه به آلتین می گوید تو با اسب تاخت برو به سوی درختان انبوه تا شکاری اگر هست بیاید بیرون.
آلتین هم می تازد به سوی بیشه که ناگهان صدای دو تیر پیا پی در هوا می پیچد و خواهران رستگار می بینند که آلتین از اسب به زمین می افتد و قوچک مثل دیوانه ها خنده موفقیت سر می دهد. "
" دیگر نگو پدر. "
و با فریاد:
" قوچک را با دست های خود م جّر می دهم. این کثافت را خودم تکه پاره می کنم...خودم با همین دست...هام... "
و بیهوش سر می اندازد. چشمانش پیچ می خورد. چهره اش رنگ

می بازد. نفسش به خس خس می افتد ودر آغوش مادرش ولو می شود. و فریاد مادرش:
" وای پسرم مُرد! "
همه دست پاچه شدیم.
آقای شیبانی با یک جهش سر مراد را از روی سینه مادرش بر داشت بالشی زیر گردنش بشکلی که سرش آویزان باشد قرار داد و روی زمین درازش کرد.
نوا، فورن یک لیوان آب سرد آورد و شروع کرد به باراندن آن بر چهره رنگ پریده مراد .
سکوت سنگینی حاکم شد و همه با تاثر و درماندگی به مراد خیره شده بودیم.
رفتم که آمبولانس خبر کنم شوهر خاله مانع شد.
مستاصل به دیوار تکیه دادم...و فکرم پرواز کرد:
یاد آوردم ملاقاتی که پیش از ازدواجش با مراد، با آلتین در هتل داشتم، و اینکه گفت قوچک یک ترکمن متعصب است.
به یاد آوردم تلفنی را که بعد از این ملاقات با مراد داشتم و به او گفتم:
" مراد برای ازدواج با خانم دکتر، قوچک را سر راه داری. و گفتم که عبور از آن گمان نمی کنم آسان باشد. "
و حالا آلتین با نوزادی که در راه داشت و هزاران آرزوهای شیرین در آرامگاه ابدی خود جای گرفته است.
به یاد آوردم رقصش را در عروسی ام و اینکه با پایان آن روی دست بلندش کردم...و اشکم سرازیر شد.
" اسد زمان مناسبی نیست برای اشک ریختن. "
" نوا جان، دست خودم نیست بی اختیار سرازیر شد "
...چه زیرو روئی شد. چه آرزو های شیرین و طلائی که خاک شد، که دود شد، و بر باد رفت.
داشتم دچار خفقان و تنگی نفس می شدم. رفتم سراغ مراد که دیدم پلک زد. و آهسته گفتم مراد جان صدای مرا می شنوی ؟ با چشمانش که حالا باز تر شده بود جواب آری داد.

" مگر همین حالا خودت نگفتی هیچ چیز ابدی نیست. و مگر نمی دانی که هر کس روزی و بشکلی تمام می شود. می دانم که هر تمام شدنی اندوه و مصیبت خود را دارد ولی نمی توان تصور کرد که هر پایانی بایستی با تمام شدن همه چیز و همه کس باشد. خواهش می کنم آرام باش تا پدرت همه آنچه را که از این ماجرای اسفبار می داند برایت بگوید تا احتیاج نداشته باشی از این و آن بشنوی. "

نشست، به دیوار تکیه داد و ساکت شروع کرد به چشم چرخاند.

" مراد عزیزم متاسفانه دیگر آلتینی نیست. او و نوزادی را که با خود حمل می کرد چند روز پیش به خاک سپردند..."

" پدر خودت داری گریه می کنی بعد به من می گوئی ساکت باش؟ "

" مراد جان من شاهد بودم ولی تو داری از من می شنوی. من نگفتم ناراحت نشو، گفتم با واقعیت روبرو بشو وکمی خود دار باش، نگذار از پا درآئی.

وقتی آن نامرد برنامه اش را عملی می کند سر اسب را بر می گرداند و به تاخت می رود خانه در می زند و همه را به بیرون دعوت می کند و جریان را برایشان تعریف می کند.

مادر آلتین فریاد می کشد و نقش زمین می شود. پدرش هم چند لحظه بعد می خورد زمین تا برادرش یعنی عموی آلتین و میزبان آن روز می خواهد برود سراغشان قوچک لوله تفنگ را در دهان خود می گذارد و با یک شلیک مغز خود را داغون می کند و با دیدن این واقعه مادرش هم غش می کند. می ماند عمو و سه بیهوش و جسد قوچک. "

تغییر مراد توجه همه ی ما را جلب کرد. مستقیم و بدون هیجان به صورت پدرش خیره شد و با کلماتی که بخوبی ادا می شد گفت:

" پدر تو در مراسم به خاک سپاری آلتین حضور داشتی؟ "

" بله. "

" پدر مادرش هم بودند؟ "

با حالی نزار

" بله بودند. پسرم این سئوال ها برای چیست؟ "
" پدر مگر سئوال های نا جوری است؟ "
" نه عزیزم ولی روحیه محکم و روبراه تو برایم جالب است "
" مگر نه شما می گوئید آنچه که من فکر می کنم درست نیست؟ و می گوئید که من همه را زائیده یک خواب و خیال و تصور و رویا، یا هر چیز دیگرکه اسمش را بگذارید می دانم، و می گوئید و اصرار دارید که تمامن در عالم واقع رخداده است؟ خب می خواهم اطلاعات بگیرم و بروم گنبد و از نزدیک شاهد باشم "
" فکر بسیار خوبی است پسرم بنظر من بهتر است با هم برویم "
" نه پدر جان می خواهم تنها بروم.
پدر! خواهش می کنم به عنوان آخرین خواسته ام چنانچه واقعی یافتمش، مرا حتمن در جوار آرامگاه آلتین به خاک بسپارید. و بر سنگ آرامگاهم بنویسید:
(مراد شیبانی همسر دکتر آلتین آتابای که نا جوانمردانه کشته شد در اینجا در نزدیکی او در خاک آرمیده است. اینجا آرامگاه عشق است.) "
" مادر خواهش می کنم نه حالا و نه هیچوقت دیگر برای من گریه و زاری نکن، متآثر و متاسف نباش، سیاه نپوش. من آنطور که دلم می خواست زندگی کردم، و آنچه که پیش آمد، گویا ناگزیر بوده است.
تمنا می کنم رفتنم را به گنبد به کسی اطلاع ندهید، از همه ی شما این خواهش را دارم "

با علاقه که حتمن مراد است، گوشی را بر داشتم. آقای آتابای بود، ردش کردم به شوهر خاله.
" آقای شیبانی! "
صدای گریه اش را همه می شنیدیم. دیدم که آقای شیبانی دارد محسوس می لرزد، رنگش چون گچ شده است.
" بله جناب آتابای، توان دارم یا نه، باید بشنوم بفرمائید. "
" می خواهم مصیبت دیگری را ..."
" جناب آتابای گریه بی امان شما خبر از مصیبتی بزرگ است.

در خانواده فاجعه دیگری وقوع یافته است؟ می خواهید بیایم؟ هر چند امروز صبح مراد آمد گنبد، که باید تا حالا رسیده باشد "

" من بعد از آلتین دلم به پسرم مراد خوش بود که آن را هم از دست دادیم... "

آقای شیبانی با حالی که برایش بیمناک شدم و در حالیکه هنوز صدای نامفهوم آقای آتابای می آمد تلفن را به سوی من دراز کرد وخود بر روی فرش خانه ولو شد. نوا به سرعت آمبولانس خبر کرد.

"...متاسفانه مراد در مسیرآمدن به گنبد نرسیده به علی آباد با کامیونی که کنار جاده توقف کرده بوده به شدت بر خورد می کند...خواهش می کنم هرچه زودتر بیائید "

متوجه نشد که من شیبانی نیستم وقتی پرسیدم:

" ...و حالا در بیمارستان است ؟ "

با گریه بسیار شدید ...

" جنازه حالا در سرد خانه بیمارستان است "

و تلفن را قطع کرد.

با خاله و نوا رفتم بیمارستان، نمی دانستم چگونه شروع کنم. آقای شیبانی رنگش کاملن پریده بود، وبا چشمانی بسته طاق باز روی تخت بیمارستان در حالی که به کندی نفس می کشد دراز کشیده بود و دو قطره اشک از گوشه های چشمان بسته اش به بیرونی راه باز کرده بود، و دیدم که دارد زیر لب کلماتی را بیان می کند. جلو رفتم و با دقت گوش دادم شاید می خواست حرفی را با ما در میان بگذارد. متوجه شدم شعری را آرام تکرار می کن و اشک می ریزد:

" ای که در ساغر من باده ی غم ریخته ای
چند پیمانه ی دیگر بده، کم ریخته ای "

با پایان خاکسپاری، آقای شیبانی همه ی مکالماتی را که با مراد تا قبل ازحرکتش به سوی گنبد داشت، به آقا و خانم آتابای گفت و دیدم که بغض دارد خاله را خفه می کند اما برای حرمت به مراد

جلوی زاریش را گرفته است. و دیدم که لباس مشکی نپوشیده است. ولی همه ی درد های دنیا در پهنه ی صورتش ریخته بود.

آلتین و مراد، نمونه نادر و واقعی از عشقی بودند که مانند همه ی عشق های عمیق و یگانه پایان خوشی نداشت.
کاش همانطور که مراد می گفت، واقعی نبود و در فصلی دیگر، فصلی غیر واقعی رخ داده بود.
هر چند در نهایت خود مراد فرصت نیافت واقعیت را متوجه بشود و در راه سفری که بهمین منظور داشت در عالم خودش پرواز کرد.

کتاب های دیگری که از این نویسنده منتشر شده است

روز های آفتابی

روزی که گلابتون رفت

شام با کارولین

اشک ققنوس

سلفچگان

از این نویسنده منتشر خواهد شد

کویر بی حاشیه

دریا در فنجان

آن روز برفی